JN436808

강중언 수필집

늙은 청춘(青春)

늙은 청춘(靑春)

초판 1쇄 인쇄 2009년 06월 18일
초판 1쇄 발행 2009년 06월 25일

지은이 | 강중언
펴낸이 | 손형국
펴낸곳 | (주)에세이퍼블리싱
출판등록 | 2004. 12. 1(제315-2008-022호)
주소 | 157-857 서울특별시 강서구 방화3동 822-1 화이트하우스 2층
홈페이지 | www.essay.co.kr
전화번호 | (02)3159-9638~40
팩스 | (02)3159-9637

ISBN 978-89-6023-245-7 03810

이 책의 판권은 지은이와 (주)에세이퍼블리싱에 있습니다.
내용의 일부와 전부를 무단 전재하거나 복제를 금합니다.

강중언(동봉東峰) 수필집

늙은 靑春

청

춘

한 손에 막대잡고 또 한 손에 가시 쥐고

늙는 길 가시로 막고 오는 백발 막대로 치웠더니,

백발이 제 먼저 알고 지름길로 오더라.

- 우탁

ESSAY

| 글머리에 |

"세월은 기다려주지 않는다"

2009년이 밝았습니다. 이제 일흔 네 살이 되었습니다. 날수로 27,010일, 시간으로 648,240시간을 살아온 셈입니다. 어엿한 중년 노인입니다.

세월은 일순간도 멈추어주지 않고 흘러왔습니다. 기다려주지 않음에 야속한 마음이 우선합니다.

뒤돌아보면 일제강점기를 거치고, 8 · 15광복을 맞이하고, 미군정시대를 겪었습니다. 제주 4 · 3의 아픔도 인내하였습니다. 한국전쟁의 참혹상에 아픈 가슴 움켜쥐었고, 군부집권시대의 시련도 체험하였습니다. 속된 말로 쓴맛과 단맛을 다 봤습니다. 산전수전 겪으며 살아 왔습니다.

공직에서 퇴직 후 10년이 지난 2007년에 늦깎이 글쟁이로 등단했습니다. 일상에서 보고, 느끼고, 체험하면서 끼적였던 글들을 정리하다 보니, 신통한 글이 없습니다. 졸작이라 세상에 내놓기가 부끄러운 게 솔직한 속내입니다.

"하지만 얼마 남아있지 않은 여생, 여전히 자욱한 안개로 가려져 알 수 없지만, 늙은 청춘으로 살다가 염라대왕의 문자메시지를 받는 날 서슴없이 떠나려 합니다."

수필집 〈늙은 청춘〉은 늘그막 몸부림에서 출발합니다. 이 세상에 왔다간 하나의 징표요, 흔적을 아랫대에 남기고 싶은 몸부림입니다.

교정을 봐준 막내 형구에게 고맙고, 출판을 맡아준 에세이퍼블리싱 손형국 사장님께 감사의 말씀을 드립니다. 뿌리인 조상과 친족, 가지인 가족들 모두가 그저 고마움입니다. 그리고 아내에게 사랑을 전합니다.

2009년 6월

연동에서 필자 강중언

| 차 례 |

1장 마음의 밭을 갈자

2장 고향의 향기

3장 감사하는 마음

4장 삶의 터전은

| 차 례 |

5장 과(過)의 노예와 양심

6장 늙은 청춘(青春)

1장

마음의 밭을 갈자

사진 : 자전거 _ 강형구

늙은 青 청 春 춘

세 가지 길(三道)

천지만물(天地萬物)은 모두가 제 갈 길이 있음을 가리켜 만물유도(萬物有道)라 한다. 세상 만물이 존재하고 산다는 것은 모두가 각각의 갈 길을 걸어가는 것이다. 나는 내 인생의 주인이요, 너는 네 인생의 주인이다. 자주 독립은 인간생활의 첫째 원칙이다. 나는 내 발로 서고, 내 발로 걷고, 내 힘으로 살아가야 한다. 나의 노력으로 나의 미래를 건설하고 나의 의지와 결심을 나의 운명을 개척해 나가야 한다. 산다는 것은 움직이는 것이요, 움직인다는 것은 살기 위하여 자기의 길을 걸어간다는 것이다. 나의 길을 걸어가고, 너의 길을 걸어가는 데 우리는 도(道)를 알고 도(道)를 지켜야 한다.

우리는 도(道)를 길이라고 한다. 신사는 신사도가 있고, 스승은 사도가 있고, 부모는 부모가 가야 할 길이 있고, 자식은 자식이 갈 길이 있다. 상인이 지녀야 할 상도가 있고, 무사가 닦아야 할 무사도가 있다. 자동차가 가야 할 차도가 있고, 예술인이 빚어내야 할 예도의 길이 있다. 이처럼 여러 직업형태 또는 주어진 책무에 따라 다 제 갈 길이 있게 마련이다.

여기서 인격체인 사람이 꼭 지키고 가야 할 세 가지 길을 말하고자 한다. 첫째는 큰 길을 말하는 대도(大道)의 길이요, 둘째는 바른 길을 말하는 정도(正道)의 길이요, 셋째는 떳떳한 길을 말하는 상도(常道)의 길이다.

첫째, 대도(大道)의 길을 걸어가자. 군자대로행(君子大路行)이라 했다. 군자는 큰 길을 택하여 걷는다. 덕행과 학행에 있어서 타인의 모범이 되는 사람이 되려면 큰 길을 걸으면서 행동하라는 말이다. 마음의 문을 활짝 열고 당당하게 큰 길을 걸어가야 한다. 그러면 마음이 넓어지고 든든해지며, 밝고 활달해지며 희망이 보이고, 목표 도달의 길이 보인다. 도둑이나 죄를 지은 사람은 큰 길을 당당히 걸어갈 수 없다. 양심의 가책을 받고 주눅이 들기 때문이다. 모든 일을 행할 때 적극적인 자세와 바른 정신으로 큰 길을 걸어 나가도록 하자. 삶의 앞길은 행동하는 것에 달려있다. 행동(行動)은 인격의 표현이요, 인격은 행동의 원칙이다. 그 원칙은 대도(大道)인 것이다. 큰 길을 당당히 걸어가자.

둘째, 정도(正道)의 길을 걸어가자. 정도란 바른 길을 말한다. 삶에 가장 근본이 되는 길이다. 사는 것이 문제가 아니라 어떻게 사느냐가 중요한 것이다. 정(正)자는 바를 정(正)자요, 정로(正路)이다. 바르게 산다는 것은 진실하고 성실하게 사는 것이요, 보람 있게 사는 것이요, 열심히 사는 것이다. 우리는 늘 정(正)의 위치에서 바른 길을 걸어가야 한다. 양심의 명령이요, 인격의 요구가 정도(正道)이다. 마음도 바르게, 몸도 바르게, 말도 바르게, 생각도 바르게, 행동도 바르게, 사는 것도 바르게, 이것이 정로(正路)이다. 가정생활도 바르게, 직장생활도 바르게, 사회생활도 바르게 하는 것이 바른 길을 걷는 것이다. 정(正)은 우리가 가야 할 길이요, 지켜야 할 원칙이요, 따라야 할 도리이다.

의인로야(義人露也)라고 맹자(孟子)는 말한다. 의(義)로움은 사람이 걸어가야 할 길이라는 뜻이다. 정의(正義)는 힘이 있어야 한다. 힘이 없는 정의는 무기력하고, 정의가 없는 힘은 폭력이 되고 만다. 정의의 사도는 강하게 만들어야 하며, 강한 자는 옳게 만들어야 한다. 그래야 정의가 살고, 힘도 살게 되는 것이다. 정의가 원칙을 어기고 역주행하거나 길을 벗어날 때, 머지않아 실패와 불행이 닥치고 말 것이다. 만물귀정(萬物歸正)이라 해서 천하의 모든 존재가 정의의 자리, 진실의 자리, 양심의 자리, 도덕의 자리로 돌아올 때 정로(正路)를 걷고 정도(正道)를 가게 된다.

셋째는 상도(常道)의 길이다. 상도(常道)는 떳떳한 길이다. 떳떳하게 살기 위해서는 법을 준수하고, 질서를 따르고, 도덕적으로 행동해야 한다. 밝고(明心) 따뜻한(溫心) 마음을 가져야 떳떳할 수 있다. 어둡고 차가우면 떳떳할 수가 없다. 바르고 자랑스러운 일을 할 때 떳떳해진다. 양심에 가책이 되고 부끄러운 일을 하면 아무리 강심장의 소유자라 해도 떳떳해질 수가 없다. 양심을 지니고 사람의 도리를 지키면서 인생을 떳떳하게 살도록 노력하자. 하늘을 우러러 땅을 굽어봐도 한 점 부끄러움이 없으면 이것이 광명정대의 상로(常路)이다.

삼도(三道)의 길을 가면서 나약하지 않으면서 운명의 개척자가 되어 보자. 늦가을 마른 잎처럼 비바람에 쉬이 떨어지는 나약함은 떨쳐

버리고, 자립자강의 양심과 도덕으로 기운 옷을 입고 즐거운 노래를 흥얼거리며, 대도(大道), 정도(正道), 상도(常道)라는 세 가지 길을 당당하게 걸어 나가도록 하자.

홍도 꽃

오은순

한 달을 앓아누워
꽃피는 줄 몰랐노라
이제야 문을 여니
홍도 꽃 반겨주네

선시선종(善始善終)

선시선종(善始善終). 모든 일이 처음에서 끝까지 한결 같다는 말이다. 우리 삶도 처음과 끝이 있다. 괴테(Goethe)는 "첫 단추를 잘못 끼우면 마지막 단추를 낄 구멍은 사라진다"고 하였다. 모든 일을 함에 있어서 시작이 중요하므로 신중하고도 차질 없이 준비해야 된다는 말이다. 마지막 단추를 바로 끼우기 위해서는 첫 단추를 반드시 잘 끼워야 한다. 지혜로운 출발, 올바른 출발을 하여야 한다.

시작이 반이라 했다. 시작은 중요하다. 올바르게 시작하면 올바른 성과로 결과 될 가능성이 크다. 허나 그릇된 출발은 그릇된 결과로 나오기 쉽다. 이 세상에 훌륭한 것, 위대한 것, 보람이 있는 것, 값어치 있는 것들 모두가 올바르게 출발한 노력의 산물이요, 피와 땀의 결과물이다. 이러한 진리를 곱씹어 본다. 작심삼일(作心三日), 용두사미(龍頭蛇尾)로 끝나는 것은 허무맹랑한 일이며 수치스러운 일이다. 학업이든, 사업이든, 장사든, 농사든 모든 일이 성과를 얻고 유종의 미를 거두려면 시종일관 꾸준히 노력하고 전력을 다하여야 된다.

요즈음 일부 사람들은 인생을 너무 쉽게 살려고 한다. 노력하지 않고 피땀을 흘리지 않고 가만히 누워서도 성공하고 행복할 수 있다는 허망한 꿈과 논리에 사로잡혀 있다. 벼락성공, 벼락출세, 벼락부자, 벼락감투를 꿈꾸는 사람이 너무 많다. 벼락 맞을 사람들이다.

인생(人生)은 쉽게 살아지는 게 아니다. 쉽게 사는 인생은 행복할 수도 없고, 설령 행복하다 하더라도 한순간 뿐 결코 오래가지 않는다. 처음부터 철두철미하고 바르게 시작해야 한다. 희망을 담은 구체적인 목표를 세우고 성실하게 노력해야 한다. 과욕을 버리고 분수에 알맞게 출발하는 지혜와 슬기를 가져야 한다. 성실한 열매를 얻기 위해서는 시간을 잘 관리하여 적정한 기회나 때를 잃지 말아야 한다. 시간은 쉼 없이 흐르며 돌이켜 돌아오지 않는다. 세상은 뜻한 바대로 이루어지는 일보다 안 되는 일이 더 많다.

행복이란 무엇일까? 모든 일이 뜻과 맘같이 잘 되고 성스럽게 마무리되었을 때 행복하다. 인생은 바다 항해와 같다. 배를 타고 망망대해를 헤쳐 나가는 과정에서 항상 청명한 날씨에 순풍만이 있는 것이 아니다. 때로는 비바람이 몰아치는 바다를 건너야 하고 뜻하지 않은 돌풍이 일어 사나운 파도에 배가 전복될 수도 있다. 칠흑 같은 밤 암초와 충돌하여 배가 난파될 수도 있다. 한 치 앞을 내다볼 수 없는 게 인생이다. 안갯속에 가려져 예측이 어렵고, 그늘 속에 숨어 위험하고 불확실한 게 인생이다.

세상에는 방향 감각을 잃고 실패한 사람이 수없이 많다. 사업에 실패한 사람, 결혼에 실패한 사람, 사랑에 실패한 사람, 고시에 실패한 사람, 자식 농사에 실패한 사람. 성공한 사람보다 실패한 사람이 더 많고 승자보다 패자가 많은 것이 현실이다. 이 모두가 일을 맨 처음 시작할 때부터 불명확하고 올바르게 출발하지 못한 데서 그 원인을 찾아볼 수 있다. 문호 셰익스피어는 "끝이 좋아야 모든 것이 다 좋다"고 했다. 옳은 말이다. 모든 일을 함에 있어서 시작도 중요하지만 마무리는 더욱 중요하다는 말이다. 웃으면서 시작한 일이 울면서 끝을 맺어서는 안 된다. 웃으며 시작한 일은 반드시 웃음으로 끝맺으려 노력해야 한다. 시종일관, 처음과 끝, 시작과 마무리가 훌륭한 결과를 얻고 웃을 수 있어야 한다. 밝은 희망에서 시작한 것이 어두운 절망으로 끝나고, 웃으며 시작한 동업이 싸움으로 끝나고, 만인의 축복을 받으며 한 결혼이 아픈 이혼으로 치닫는 일이 있어서는 안 된다. 힘들여 일을 하고서도 마무리를 잘못하여 좋은 성과를 얻지 못하는 경우를 주변에서 흔히 엿볼 수 있다.

자신이 시작한 일은 믿을 수 있어야 하고 결말에는 반드시 훌륭한 성과를 얻어야 한다. 열매를 맺지 못하는 꽃은 아무 의미가 없기 때문이다. 웃으며 스타트하고 웃으며 라스트를 맞이하는 유종의 미를 얻을 수 있는 지혜가 필요하다. 처음과 마지막을 한결같이 아름다운 모습으로 삶을 마감하고 싶다. 처음과 마지막을 곱씹어 생각하고 음미해보는 인생살이가 선시선종(善始善終)이 주는 지혜이다.

꽃 중의 꽃

신이 지구에 내린 수천수만 개의 창조물 중에 꽃보다 아름다운 것은 없다. 대자연의 으뜸가는 여왕이요, 지구 상의 보배 중에 보배이다. 여러 가지 색깔로 수놓은 빛깔과 각양각색의 모양과 제 나름마다 독특한 향기를 풍기며 꽃은 온갖 곤충들과 행인들을 유혹한다. 꽃을 싫어하는 사람은 없을 것이다. 아름다운 것 중에 아름다운 게 꽃이다. 우리네 삶도 꽃처럼 밝고 아름답고 우아하며, 꽃처럼 짙은 향기를 지닌 참 인생을 살아야 되지 않을까 생각한다.

봄은 여자로 비유하면 처녀의 계절이다. 은혜롭고 화창한 봄바람이 부는 따스하고 좋은 시절이다. 춘화추실(春花秋實)이라 했다. 봄에는 꽃이 피고, 가을에 열매를 맺는다는 말이 아닌가. 이처럼 봄은 꽃의 계절이라 불리고 있지만, 여름에 피는 꽃이 있고, 가을에 피는 꽃도 있고, 겨울에도 피는 꽃도 있다. 사시사철에 따라 피는 꽃은 제각각이지만, 그중에서도 봄에 피는 꽃이 가장 아름답고 향기가 짙다. 색깔 또한 여러 가지 빛깔로 봄의 미덕을 수놓는다. 우리나라의 봄은 내 고향 제주에서 시작된다. 봄꽃의 향연은 개나리꽃으로 시작하여 진달래, 매화, 벚꽃, 유채꽃, 난초, 모란꽃 순으로 계절을 수놓다가 여름으로 이어져 간다.

제주에는 해마다 두 차례 꽃 잔치가 열린다. 벚꽃이 만개하는 3월에는 왕벚꽃 큰잔치가 있다. 제주도 전체를 황금빛으로 물들여 놓은 것 같은 시절, 4월에는 유채꽃 큰잔치가 열려 섬을 들뜨게 한다. 제주도민은 물론 수많은 국내외 관광객이 내도하여 꽃 잔치 속에 깊숙이 파묻힌다. 진한 향기와 아름다움을 마음껏 만끽하면서 꽃밭을 떠나려 하지 않는다. 꽃은 우리들의 마음을 사로잡고 사람들의 발길을 멈추게 하고, 놓아주려 하지 않는다.

꽃마다 지니고 있는 대표성과 상징성, 그리고 이상향이 있다. 모란꽃은 부귀와 공명을 상징하고 있다. 연꽃은 군자라 칭하며 믿음과 사랑, 정화의 상징이다. 해당화는 신선이라 일컬어지고 있으며, 짝사랑과 어울리지 않음을 상징한다고 한다. 국화꽃은 고상함과 굳은 의지, 정조와 순결을 의미하며 돌아가신 분의 명복을 비는 상징이다. 장례 시, 문상 시에 국화꽃을 봉하는 것도 이러한 연유에서 비롯됐다. 카네이션은 감사와 은혜의 상징으로 어버이날 부모님들께 가슴에 카네이션을 달아주는 것도 이러한 상징적 의미를 갖고 있기 때문이다. 난초꽃은 뜨겁고 강한 우정의 상징이므로 친구 선후배에게 선물하기도 한다. 동백꽃은 겸손과 미덕의 표시이며, 목련화는 자연스러운 사랑과 은혜의 상징이다. 찔레꽃은 우정과 애욕의 상징이며, 장미꽃은 아름다움과 사랑의 표시 상징이다. 꽃은 제각각 아름다움이 다르고, 향기도 다르고, 상징성과 이상향도 다르다.

내가 제일 좋아하는 꽃은 군자라 칭하는 연꽃이다. 연꽃 사랑은 초등학교 시절로 거슬러 올라간다. 고향인 성산읍 오조리의 마을 한복판 중심지에는 500평 규모의 큰 연못이 있는데, 해마다 우아하게 연꽃이 만발하여 가고 오는 길손들의 발끝을 멈추게 하고 있다. 아름다운 자태와 향기를 내뿜으며 손짓한다. 이때부터 나는 연꽃을 좋아하게 되었다. 항상 책상 위 꽃병에는 연꽃이 꽂혀 있었으며, 그 향기에 취하며 공부하곤 했다.

여느 해, 음력 사월초파일에 들른 한 사찰에는 200m 가량 되는 진입로에 두 줄로 즐비하게 연꽃등을 달아놓고 있었다. 부처님 오신 날을 기리기 위하여 연꽃등을 달아놓은 것으로만 생각하고는 무심코 집으로 돌아왔는데, 하필이면 연꽃등을 만들었을까 궁금증이 들었다. 꽃에 대한 책을 우연히 보던 중, 나는 연꽃의 상징성과 이상향에 관해 읽었다. 연꽃이 지니고 있는 진가를 알게 되었다. 연꽃은 더러운 흙탕물에서 자라지만, 그 더러움에 물들지 않고, 꿋꿋하게 아름다움을 피우면서, 오히려 그 더러운 흙탕물을 말끔히 정화시킨다. 부패 속에 있으면서 부패하지 않은 것이 연꽃이요, 흙탕물 속에 있으면서도 혼탁하지 않은 것이 바로 연꽃이다. 숨겨졌던 연꽃의 꽃말과 상징성을 알게 된 후 나는 연꽃을 더욱 좋아하고 사랑하고 아끼게 되었다.

부처는 모든 중생에게 연꽃처럼 되라 말씀하셨다. 최근 들어 더욱 흔해지고 있는 살인, 강도, 강간, 절도, 횡령, 사기 등 끔찍한 사건들이 세상의 구석을 병들게 하고, 공포에 질리게 하고 있으니 개탄할 일이다. 한편으론 정부의 느슨한 단속을 원망하기도 한다. 싱가포르에서는 한번 죄를 지으면 일생동안 다시 재기할 수 없을 만큼 강하고 엄한 벌로 다스리고 있다.

악에서 벗어나 항상 선에서 꽃의 아름다움과 고운 마음을 갖고 살아야 한다. 부정부패에 물들지 않고, 혼탁한 물에서 오염되지 않고, 정화하면서 피어나는 향기 짙은 연꽃처럼 밝고 신뢰할 수 있는 아름다운 사회로 가꿔나갈 수 있는 변혁의 주체가 절실한 시점이다. 나는 너를 사랑하고 항상 너의 곁에 있다.

값진 삶

사람은 누구나 태어나면서부터 뜻하고 마음먹은 바를 차질 없이 성취하고, 건강하고 행복하게 값진 인생을 살 수 있을까 하고 고민한다. 값진 삶이란 쉬우면서도 실천으로 옮기긴 어려운 일이다. 자신에게 닥친 역경과 난관들을 슬기롭게 극복할 수 있는 용기와 꾸준한 노력이 결정체라야 하며, 삶의 목표를 어디에 두고 생활하느냐에 값진 인생은 달려 있다고 할 수 있다.

진선미(眞善美)라는 아름다운 말이 있다. 진선미 하면 우선 떠오르는 것은 세계미인대회나 미스 코리아 선발대회, 제주도에서 열리는 감귤아가씨 선발대회를 연상하게 된다. 하지만 진선미는 단지 아름다운 미희들을 선발하는 대회를 넘어선 고귀한 의미가 담겨 있다.

생활 철학에서 분석해보면, 진(眞)은 '참 진' 자로서 참다움과 진실을 말함이다. 진가와 진리 등을 의미하기도 한다. 이렇듯 진은 삶에서 과학적인 추구 대상이라고 할 수가 있다. 정신과 마음이 거짓으로 가득 차 있으면 큰 힘을 발휘할 수 없고 정도(正道)를 걸을 수가 없다. 사회를 구성하는 근본은 인간이요, 사람의 근본은 정신이요, 또 정신의 근본은 참다운 진실에 있다. 정신은 곧 삶을 좌우할 수 있는 핵심요소이기 때문이다.

예를 들면, 아무리 좋은 제도, 좋은 시책을 정부정책으로 제시한다 하더라도 그것을 경영하고 관리하는 사람들이 진실성이 없고, 참신성이 결여되어 엉뚱한 방향으로 운영한다면 성과와 실효를 거둘 수 없다. 죽은 시책이 될 뿐만 아니라 국민의 신뢰를 얻을 수 없는 것이다. 제도와 시책은 하나의 도구요, 그 도구를 부리는 것은 사람이다. 따라서 첫째도 참신한 사람이요, 둘째도 사람다운 사람인 것이다. 제도와 시책을 부리는 사람이 바로서야 제도가 제 구실 할 수 있고, 시책도 제 역할을 다할 수 있다. 정신은 인간의 주인이며, 육체는 정신을 담는 그릇에 불과하다. 나의 주인은 육체가 아니고 정신이다. 정신이 올바르지 못하면 사람은 바로 설 수가 없기 때문이다. 물질의 힘이 위대하다고 하나 그보다 더 위대한 것은 올바른 정신력이다. 정신력의 근본은 참됨과 진실에 있다고 할 수가 있다. 거짓된 말, 거짓된 행동, 가면을 쓴 생각, 가면을 쓴 정치로 어떻게 위대한 힘이 나올 수 있을까 의문이다. 모두가 참된 진실로 돌아가는 것이 생활의 원칙이요 기본질서라고 할 수가 있다. 마음도 밝고 몸도 깨끗한 청정심신의 정신으로 진(眞)을 값진 삶의 제일 목표로 삼아나가는 것은 어떨까.

선(善)은 '착할 선' 자로서 선함과 더불어 도덕적 생활의 이상향으로서 사람살이의 윤리학적 추구 대상이라 할 수가 있다. 석가는 선(善)을 지고지순의 높은 뜻인 자비라 했고, 불교에서는 마음의 중심으로서 선을 강조하고 있다. 지혜와 자비의 마음을 가지면, 그것이 곧 부처의 진리요, 극락의 자리이다. 선(善)은 석가의 근원적 목표요, 가르침이다.

우리는 선한 마음을 가지고 살아야 한다. 착한 마음은 따뜻하고 정답다. 따뜻한 마음, 따뜻한 표정, 정다운 태도, 정다운 인사처럼 좋은 것은 없다. 정의가 없는 곳에 선이 있을 수 없고, 선 없이는 참과 진실을 얻을 수 없다고 하였다. 선하며 정답고 따뜻한 마음은 진실을 지켜주고 평온을 지켜주고 안정과 건강을 가져오는 덕목이다.

미(美)는 아름다움과 예쁨을 상징한다. 아름다움과 예쁜 것을 싫어하는 사람은 세상에 아무도 없을 것이다. 미(美)는 인간 생활의 예술학적 추구 대상이라 할 수 있다. 하루하루 산다는 것은 우리의 생명을 아름답게 조각하면서 건강하게 사는 것이다. 건강은 미를 상징한다. 건강해야 아름답고 예쁘다. 미는 인간이 바라고 지니는 보람과 가치의 세계에서 더없이 소중하다. 대자연의 아름다움, 산과 들판에 핀 꽃이 보여주는 아름다움, 선한 마음에서 배어나는 아름다움, 효성이 지극한 자식의 아름다움, 자식을 헌신적으로 돌보는 모정(母情)의 아름다움. 우리는 한없이 아름다움을 선호하고 미의 향연을 갈망한다.

요즈음 우리 사회는 인품을 닦고, 정신을 닦고, 양심을 바로 세우는 데 가치를 두기보다는 얼굴치레, 옷치레 등 외형만을 수식하고 미화하는 데 모두가 몰입돼 가는 느낌이다. 화장용품과 성형기술은 놀랄 만큼 발달되어 왔지만 마음을 다스리는 화장술은 오히려 뒷걸음치고 있다. 외형적인 아름다움도 중요하지만, 마음속 거울에 비춰진 인격, 양심, 정신의 아름다움 여부가 더 중요하다. 외형적 모습은 일시적이며, 깊고 참된 아름다움만큼 지속적이지 못하다. 각자의 위치에서 제 역할을 아름답고 성실히 이행하고 책임을 다할 때 세상은 아름답다.

과학적인 추구대상인 진(眞), 윤리학적 추구대상인 선(善), 그리고 예술학적인 추구대상인 미(美)라는 3대 덕목을 값진 삶의 목표로 정하여 생활 속에서 실천해 갈 때 보람 있고 참된 인생은 자연스레 가꾸어질 수 있다.

늙은 육신

오은순

한심한 일이로다
한심한 일이로다
늙은 몸 처리 못해
한심한 일이로다

마음의 밭을 갈자

농부가 농사를 짓기 위하여 밭을 가는 것을 농경(農耕)이라 하고, 사람의 정신과 마음을 다스리고자 밭을 가는 것은 심전경작(心田耕作)이라 한다. 농부의 삶을 그려본다. 이른 새벽에 눈 비비며 일어나 아침밥도 거른 채 밭에 나가 김을 매고 씨를 뿌린다. 파종하는 농부의 가슴에는 희망과 꿈으로 가득 차 있을 것이다. 뿌린 씨앗이 잘 자라서 뿌리가 튼튼히 내리는 희망, 싱싱한 줄기가 자라서 아름다운 꽃이 피는 꿈, 풍성하게 영그는 열매를 수확할 수 있으리라는 희망과 신념. 이러한 희망과 꿈, 신념이 어우러진 농심(農心)은 새벽 어스름에 깨어나 하루를 쉴 새 없이 구슬땀을 흘려야 직성이 풀린다.

콩 심으면 콩 나고, 팥 심으면 팥 나고, 유채를 심으면 유채가 나고, 보리를 심으면 보리가 난다. 씨를 뿌린 만큼 농작물을 거두어 드린다. 이것이 노동의 성과요, 대자연의 순리이다. 자연은 남을 모략하거나 비방하거나 불신하거나 업신여기지 않는다. 정직하며 순수하게 순리대로 간다. 세상 모든 일에는 질서가 있고 이치(理致)가 있게 마련이다. 하늘에는 천리(天理), 땅에는 지리(地理)가 있다. 생물에는 생리(生理)가 있고, 약에는 약리(藥理)가 있다. 법에는 법리(法理)가 있고, 모든 일에는 사리(事理)가 있다. 마음에는 심리(心理)가 있고, 행동에는 윤리(倫理)가 있다. 사람에게는 도리(道理)가 있고, 자연에는 순리(順理)가 있다. 그래서 질서와 이치를 좇아서 살아가야 하는 것이다.

흙을 생각한다. 흙은 사람의 고향이요, 어머니다. 흙에서 나와 흙에서 살다가 흙으로 돌아간다. 세상 어디에나 흙이 깔려있다. 지구는 흙의 옷을 입고 있는 셈이다. 흙은 생명의 원천이요, 씨를 뿌리면 믿음직스럽게 새싹을 돋아나게 한다. 흙은 무한한 영양소와 강력한 흡수력을 갖고 있다. 비와 눈을 흡수하고, 쓰레기와 음식물을 소화시켜 생명력을 지탱할 수 있는 영양소를 만든다. 온갖 식물뿐만 아니라 세상에 살아 움직이는 모든 생물체에 성장의 영양분을 공급해 준다. 흙은 소박하지만 흡수력과 포용력이 있고, 강한 생명력을 지니고 있다. 위대한 힘을 갖고 있다.

그래도 역시 가장 중요한 농사는 사람 농사다. 투자 중에서 가장 중요한 투자는 사람에 투자하는 것이라 하였다. 심전경작(心田耕作)하는 성실한 농부가 되어 마음의 밭에 신념을 심고, 희망을 심고, 용기와 사랑을 심어보자. 노력의 씨앗, 성실의 씨앗, 정성의 씨앗, 보람의 씨앗을 열심히 심자.

오늘날 사회의 일면을 보면, 양심을 팔아먹는 사람들이 많다. 그들의 심전(心田)에는 불신과 모략이 거침없이 자라고 있을 것이다. 이들이 활개 칠수록 질서와 도덕이 무너지고, 인정이 메마른 사회로 전락된다. 이러한 사회는 잡초가 무성하고 독버섯과 벌레가 수두룩해 볼썽사나운 황폐한 밭이다. 도시의 하늘은 먼지와 공해로 혼탁해지고, 공장에서 나오는 독가스와 폐수로 강물은 오염되어 악취를 풍기고 있다. 신선한 공기를 마시면서 건강하게 살만한 곳이 아니다. 강물이나 대기오염보다 더 우려되는 것은 사람의 정신과 마음이 오염되는 것이다. 양심과 도덕의 혼이 흐려지는 것이다. 이처럼 두렵고 무서운 것은 더 없을 성싶다. 혼탁해지는 마음의 밭을 하루 속히 깨끗하게 씻어내려야 한다. 몸을 깨끗이 씻고 옷을 세탁하는 것은 중요하다. 하지만 영혼의 텃밭인 정신을 맑게 하고, 도덕을 세탁하는 것은 더없이 중요하다.

우리는 저마다 마음의 밭을 열심히 갈아야 한다. 마음 밭에서 악의와 불신의 병독을 가진 버러지를 지속적으로 걸러주는 노력을 해야 한다. 인정이 넘치고, 신뢰를 교류하고, 도덕과 양심이 살아 숨 쉬는 밭을 일궈야 한다. 모든 일을 함에 있어서 굳은 신념과 희망을 가지고, 부지런히 일하는 농부의 마음을 가지고 노력한다면 성취 못할 일이 없으리라. 큰일이건 작은 일이건 스스로 일어나, 내 힘으로 해결하고, 내 삶을 구현하는 자기완성(自己完成)이야말로 내 마음의 밭을 가는 성실하고 건전한 농부의 정신이다.

메모(Memo)

1936년 세상의 빛을 처음 보았으니 햇수로 따지면 나는 올해 73세이다. 지난해는 금혼일을 맞아 뜻 깊었고 지금은 아내와 더불어 건강한 몸으로 그날그날의 노(老) 생활을 영위해가고 있다. '총명불여둔필(聰明不如鈍筆)' 이란 말이 있다. 총명한 머리가 둔한 연필만 못하다는 뜻이다. 비슷한 뜻을 지닌 독일 속담도 있다. "기억력이 좋은 머리보다도 무딘 연필이 더 낫다." 두뇌를 100퍼센트 믿을 수 없다는 것이다. 사람의 머리는 완전하지는 못하여 때로는 망각을 하고 착각을 하기도 한다. 여기서 메모의 필요성과 가치를 느끼게 된다.

메모는 우리말 사전에 보면 '비망록, 주의서, 각서' 라는 뜻을 담고 있다. 비망록은 잊어버리지 않으려고 예비사항을 기록한다는 의미다. 우리는 메모하는 습관을 길러야 하며 열심히 메모를 해야 한다. '중요한 행사', '약속사항', '만남의 시간과 장소', '사람 이름', '회의 때 주요사항', '연설과 강연', '교육장 등에서 귀감이 될 만한 사항', '동서고금의 명언', '속담, 격언' 등은 주요 메모의 대상이다.

내가 메모를 시작한 것은 1962년에 행정 공무원 시험을 보기 위하여 공부를 하면서부터이다. 그 때는 메모라기보다는 비망록으로 통했다. 책을 읽을 때마다 중요한 사항은 요점만 간추려 자그마한 비망록에 메모하였다. 잠자리에 들면서, 길을 걸어가면서, 산과 들에 나가 휴식을 취할 때 메모해 놓은 요점들을 보며 이해하고 암기하면서 메모 습관이 일상화되었다. 공무원 생활을 하면서도 지속적으로 메모를 했다. 교육, 각종 행사, VIP 방문, 행정 시찰, 관광 등이 있을 때마다 귀감이 되고 본받아야 할 사항들은 빈틈없이 기록을 남겨왔다. 습관처럼 포켓 속에 간단한 필기도구를 항상 넣고 다니게 되었다.

메모를 잘해두면 메모한 사안에 대해서는 실수하는 법이 거의 없다. 약속 시간과 장소에 차질이 생기지 않는다. 무슨 일을 하든 빈틈없이 민첩하게 일을 잘 처리할 수 있다. 메모지에 기록된 사안에 대해서는 내용을 숙지하고 있어서 수월한 대화를 할 수 있다. 더불어 지식과 지혜를 얻고 수양을 쌓게 된다. 메모의 습관은 일상생활에서 큰 힘을 발휘할 수 있다.

나는 2005년에 고희를 맞았다. 40년 남짓 공무원로서의 삶에서, 생활의 지표가 되고, 올바른 길을 걸어갈 수 있도록 길잡이가 되어준 성인, 현인, 시인, 종교인, 사상가 등의 철학과 명언, 격언, 속담 등을 메모해왔다. 가정의 상례, 제례, 혼례에 관한 사항들을 정리해 온 걸 합치면 500쪽이 넘는 노트 분량이 된다. 얼마 남지 않은 여생을 살아가는 데 값진 삶의 동력 역할을 하고 있는 것이다. 뚜렷이 내세울 것 없이 보잘 것 없는 인생을 살아왔다는 아쉬움이 있지만, 청렴결백하게 바른 생활을 늘 지속할 수 있었던 것은 메모의 힘이었다. 메모는 나이에 상관없이 모두가 지니길 권하고 싶은 습관이지만, 낡고 오래된 우리에게는 더욱 요구되는 생활의 지혜이다. 전화기 옆에, 텔레비전 옆에, 잠자는 머리 곁에 나는 늘 메모지를 놓아둔다. 전화를 받으면서 간단한 사안들은 메모지를 대신해서 벽에 걸려있는 달력을 활용하기도 한다. 메모가 습관화되면 이렇게 하지 않으면 견딜 수 없다. 메모하는 습관을 갖도록 권유하고 싶다. 메모는 사람들의 머리가 되고 두뇌가 될 수 있음을 자각하는 계기를 모두가 마련했으면 한다.

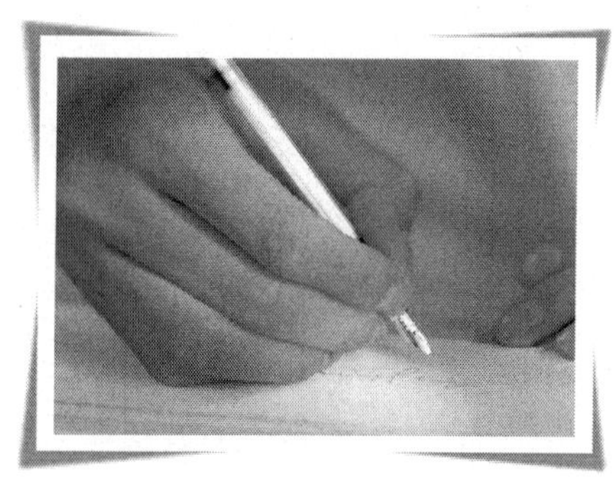

말의 지혜

말은 사람의 마음을 송두리째 담고 있다. 말없이 하루를 생활할 수 없고 살아갈 수도 없다. 말은 의사소통의 수단으로서도 중요하다. 신이 우리 인간에게 내려준 보배다. 다른 생명체와는 달리 인간은 유일하게 언어를 갖고 말을 할 수 있기 때문에 만물의 영장이라 칭한다. 사람은 자기의 뜻과 생각 등을 말로 전달하고, 또한 상대방으로부터 그들의 생각을 말로 전달받게 된다.

말에 관한 속담은 많다. "가는 말이 고아야 오는 말이 곱다"는 속담이 있고, "말 한마디에 천 냥 빚을 갚는다"도 있다. 이들 속담은 말이 지니는 지혜를 가르치고 있다. 선한 마음으로 부드럽게 말을 했을 때 얻을 수 있는 이익은 크다는 진리를 웅변해주고 있다. 모든 말은 지혜를 잃지 말아야 한다. 늘 상냥하고 부드러운 말로서 정도를 지키고, 남에게 거스르지 않는 말을 해야 한다.

말이 지혜를 잃어 정도에 벗어나고 악의가 내포됐을 때 결과되는 파장은 크다. 감정이 상하는 것은 조그마한 말의 오해에서부터 시작되는 경우가 많다. 이를 소통하지 못하고 감정이 더욱 악화되어 폭발할 지경에 이르면 이성을 잃게 되며, 극단으로는 생사를 결단 짓는 칼부림까지 일어나기도 한다. 말이 잘못 나갔을 때 감수해야 할 손실은 엄청나다.

말은 첫째로 자신을 표현하고 그 사람의 인격을 나타낸다. 말의 깊이로 사람의 깊이를 가늠할 수 있다. 말을 통해서 참인지 거짓인지를 알 수 있기 때문이다. 둘째, 말은 우리 사람들의 정신이며 얼이다. 말에는 사람의 생각이 담겨 있고 얼이 있기 때문이다. 셋째로 말은 강력한 힘을 갖는다. 사람을 움직일 수 있는 강한 의지와 힘을 말로 표현하기 때문이다.

위로의 말은 우리의 마음을 편안하고 포근하게 해준다. 감사의 말은 따뜻한 온정을 준다. 격려의 말은 크나큰 용기와 희망을 준다. 용기의 말은 심장을 튼튼하게 하여 마음을 들뜨게 한다. 화합의 말은 서로에게 화해와 용서를 시도한다. 희망의 말은 새로운 각오와 용기와 노력을 하게 해준다.

"언필신행필과(言必信行必果)"라 했다. 사람의 말은 반드시 믿을 수 있어야 하고 사람의 행동은 훌륭한 결과를 내어야 한다는 가르침이다. 가슴 속에서 우러난 진실한 말은 사람의 마음을 움직인다. 가슴이 담긴 말은 생명과 감각이 있고, 뼈대와 위엄이 있고, 심금을 울릴 수 있고, 믿음과 신뢰를 낳게 하고 밝은 빛을 주며 큰 힘을 발휘할 수 있다.

참되고 정다운 말은 언제나 좋은 결실을 맺게 해준다. 부모자식 형제지간에 화목을 가져다주어 가정의 평화를 이루게 한다. 친구 간에 우애를 더욱 두텁게 해주며, 동네 이웃 간에 정다운 사이를 낳게 해준다. 같은 말이라도 '어' 다르고 '아' 다르다. 사람들은 늘 선과 악을 사이에 두고 부단한 싸움을 벌이고 있다. 이는 선한 마음과 악한 마음의 싸움이요. 여러 사람을 배려하는 양심과 자기만을 생각하는 욕심의 싸움인 것이다. 우리는 과욕과 소아를 버리고 양심과 대아를 위하여 부단히 노력해야 한다.

말은 공감이 가고 이해가 쉬워야 잘 전달된다. 약속과 신뢰가 항상 그 뒤따라야 한다. 고려시대 학자 윤포가 이르기를 "사람을 이롭게 하는 말은 마치 솜옷처럼 따스하고 사람을 해롭게 하는 말은 가시처럼 아프다. 한마디 말이라도 소홀히 하지 말라. 그 한 마디가 사람을 상하게 하고 칼로 찌르는 것 같이 아프게 한다"고 했다. 옛 속담에도 "남을 욕함으로써 너의 입을 더럽히지 말라. 남을 해하는 말은 반드시 자기 앞으로 되돌아온다"고 하였다. 말함에 있어 늘 조심하고 정도를 잊지 말라는 조상들의 가르침이다.

말은 마음속에 잠재되어 있는 진실을 말하는 마음의 상징이요 표상이다. 사람들은 말을 항상 주고받으며 생활하고 있으며, 곧 주는 생활인 동시에 받는 생활이기도 하다. 따라서 믿음과 신뢰가 말에 담겨져 있어야 한다. 서로 인화인이 되면서 남에게 피해를 주지 않는 진실이 말에 담겨야 한다. 이를 실천하는 게 말(言語)을 사용하는 지혜다.

건강 오쾌(五快)

사람의 생명처럼 아름답고 신성한 것은 없다. 고귀하고 소중한 생명을 관리하고 건강하게 지켜야 할 책임과 의무를 우리는 가져야 한다. 심신강건(心身强健)하라 했고, 청정심신(淸淨心身)이라 했다. 심신강건(心身强健)은 몸과 신체를 강건하게 잘 관리하라는 말이요, 청정심신(淸淨心身)은 몸과 마음을 항상 밝고 깨끗하게 지니라는 뜻이다.

옛 성현은 "돈을 잃어버리는 것은 삶의 일부분을 잃은 것이요, 용기를 잃어버리는 것은 인생의 많은 부분을 잃어버리는 것이요, 건강을 잃어버린다는 것은 우리의 전부를 잃어버리는 것"이라 하였다. 돈은 있다가도 없어지고, 없다가도 노력하여 벌수 있기 때문에 그다지 큰 문제라 할 수 없다. 용기는 가난과 시련을 극복하고 목표에 도달할 수 있는 힘이기 때문에 용기를 잃는다는 것은 인생의 많은 부분을 잃어버린다는 것은 두 말할 나위가 없다. 하지만 건강을 잃는다는 것은 우리 인생의 전부를 잃어버리는 것이라 하였다. 건강을 잃으면 돈도, 명예도, 사랑도, 권력도 모두 무용지물이 되어 버린다. 아무리 뛰어난 재주와 능력을 가진 사람도 병들어 건강을 잃게 되면 아무 일도 할 수 없을 뿐만 아니라, 쌓아왔던 모든 일이 물거품이 되어버린다. 건강관리는 그 무엇보다 소중하다.

건강은 인생의 으뜸가는 자본이요, 제일의 보배다. 누구나 자신의 적성과 신체조건에 맞는 건강관리를 하고 있겠지만, 오쾌(五快)의 건강관리법을 제안해 본다.

첫째는 쾌심(快心)이다. 쾌심은 항상 마음의 안정을 갖는 일이다. 보약을 많이 먹는다고 해서 건강해지는 것은 아니다. 기쁘고 안정되고 편안한 마음을 늘 가져야 한다. 사람 속을 들여다보면 시기심, 증오심, 복수심, 열등감, 좌절감 같은 부정적인 감정들이 항상 잠재되어 있다. 이러한 감정들이 되살아나 겉으로 드러나고 파생될 때 건강을 얻기는 힘들다. 사람이 갖는 질병은 마음의 불편에서 오는 경우가 50퍼센트를 웃돌고 있다 한다. 건강관리의 첫째 요건은 스트레스를 줄이며 즐겁고 안정된 마음을 다스리는 데 있다.

둘째는 쾌면(快眠)이다. 잠을 편안하게 자는 것이다. 일곱 혹은 여덟 시간 정도는 충분히 자야 한다. 잠이 편안하고 충분치 못하면 이튿날은 몸이 노그라지고 눈이 충혈 되며 생기와 힘이 없다. 그날의 일을 정상적으로 처리할 수 없다. 쾌면은 피로한 몸을 쉬게 하고, 마음을 휴식하는 수단이며, 에너지를 재충전하는 시간이기도 하다. 시름과 잡념을 접어두고, 편안한 마음으로 충분히 잠을 잘 수 있으면 건강과 활력소는 자연스레 되찾을 수 있으리라.

셋째는 쾌식(快食)이다. 항상 즐거운 마음으로 식사를 하는 것이다. 유쾌한 마음으로 적당량의 식사를 규칙적으로 하면 활력을 주는 영양분이 축적되고 심신이 건강해진다. 식사는 우리 몸에 에너지를 충전해주는 영양소 공급원이다. 하지만 적당량을 넘어서 과식이나 포식을 하면 도리어 해가 된다. 과식하면 배탈이 날 수 있고, 좋은 음식만 가려먹는다 해도 통풍에 걸리기 쉽다. 과식과 미식에 현혹되지 말고, 노예가 되지 말아야 한다. 그래야 건강해진다. 절식하고 소식해야 한다. 술도 마찬가지다. 과음하면 정신이 흐려지고 시야도 흐려져 정상적인 행동을 할 수가 없다. 술은 인간을 매혹하는 악마요, 맛있는 독약이요, 기분 좋은 죄악이라고 중세 신학자 어리스틴은 말했다. 술을 알맞게 마시면 혈액순환이 잘 되고 육체건강에 좋다. 인간관계에도 윤활유가 된다. 마음의 문을 열게 하며, 솔직한 심중을 나르며, 스트레스를 줄여준다. 이성간의 교제에도 활력을 주고 우정의 촉진제가 되기도 한다. 과음폭주만 자제하면 술은 몸에 해로운 음식이 아니다.

넷째는 쾌동(快動)이다. 즐거운 마음으로 운동하는 것이다. 항상 즐겁고 유쾌한 마음으로 운동하고 일을 하는 것은 중요하다. 유쾌한 마음으로 운동하고 일하는 사람은 늘 행복하다. 운동하지 않으면 육신은 녹슬고 기능은 약화된다. 기계는 쓰면 쓸수록 마모되고 기능이 약화되지만, 사람의 신체구조는 쓰면 쓸수록 강화되고 발달된다고 하였다. 많이 보고 시야를 넓히면 눈의 기능이 강화된다. 많이 쓰면 손의 악력이 좋아지고, 많이 걸으면 하체가 단단해진다. 심장은 뛰어야 튼튼해지며, 머리는 자주 굴리고 회전시켜야 발달된다. 신체기관은 쓰지 않으면 퇴화되고 기능이 점점 위축되고 약화된다. 운동은 심신을 상쾌하게 하고 몸과 마음을 건전하게 만드는 지름길이다. 신체 구조에 알맞게 조정하여 무리하지 않으면서 규칙적인 운동을 지속적으로 하는 게 좋다. 운동이 끝나 상쾌한 기분이 들 때는 운동의 양이 체력과 부합하며 효과가 있는 것이며, 오히려 괴롭거나 피곤할 때는 가진 체력과 어긋남을 나타내는 것임을 더불어 알아두어야 한다.

다섯째는 쾌락(快樂)이다. 기분 좋게 항상 즐거움을 갖는 일이다. 많은 역경과 고난을 거치며 사는 게 일생이다. 살다보면 쉽게 살아지고 평탄한 길만 있는 것이 아니고, 실패와 시련, 좌절과 유혹에 부대끼고, 고독이 밀려올 때도 있다. 이러한 고뇌를 슬기롭게 극복하고 어떻게 해야 늘 웃으면서 즐겁게 살 수 있느냐가 모두가 풀어야 할 문제이다. 가정에서, 직장에서, 일터에서 모든 일을 해 나감에 있어 항상 긍정적인 사고를 해야 한다. 삶의 자세를 즐겁고 유쾌한 마음으로 전환해야 한다. 그래야만 미지의 희망과 목표가 보이고, 결실의 성과를 내다볼 수 있다.

쾌(快)자는 쾌할 쾌(快)자요, 즐거울 쾌(快)자이기도 하다. 쾌심(快心), 쾌면(快眠), 쾌식(快食), 쾌동(快動), 쾌락(快樂) 등의 오쾌(五快)를 건강의 5대 신조로 삼고 한 세상 편안한고 즐거운 인생을 살아나가려 한다.

삶은 전쟁

수천 년 동안 대자연이 베풀어주는 무수한 혜택과 보호를 받으며 선조들은 역사의 수레바퀴 속에서 살아왔다. 그래서 후손들은 오늘을 살고 있고, 지구가 종말 할 때까지는 후손의 후손들이 이 땅의 주인으로서 살아갈 것이다. 거역할 수 없는 역사의 도도한 흐름이다.

프랑스의 정치문학가 빅토르 위고는 싸움을 당연시한다. "인간은 늘 싸워왔고 싸워야 한다." 인간은 자연과 싸워왔고, 다른 사람과 끊임없이 싸워왔고, 자신과도 지속적으로 싸워야 한다는 뜻을 지니고 있다.

인간은 자연과 싸우며 역사의 끈을 엮어왔다. 자연으로부터 많은 혜택과 도움을 받으면서도 한편으로는 수없이 자연과 싸움을 벌여왔다. 오늘도 싸움은 진행형이다. 여름엔 삼복더위와 싸워야 하고, 겨울엔 추위와 폭설과 싸워야 한다. 태풍이 오면 거센 비바람과 싸워야 하고, 폭우가 쏟아지면 홍수와 싸워야 한다. 한해(旱害)가 닥치면 가뭄과 싸워야 하고, 병충해가 일면 병충해와 싸워야 한다. 자연과의 싸움은 지구가 탄생하고 인류가 시작되면서 오늘날까지 끊임없이 계속되고 있다. 생존을 위해 인간은 자연과 싸우면서 슬기롭게 이겨내야 한다. 자연과의 싸움을 혼자서 감당하기란 힘들다. 과학 문명이 발달하고 기계와 기술이 첨단화 할지라도 자연과의 싸움을 혼자서 감당하기에 사람의 힘은 미미하고 부족하다. 뭉쳐야 자연을 극복할 수 있다. 강인한 정신과 용기, 투지력으로 몸을 튼튼하게 지키면서 가족, 동네 이웃지역 등 모든 사람들은 힘을 모아야 한다.

인간은 다른 사람들과 늘 경쟁하며 혹은 싸움을 벌이며 오늘에 이르렀다. 이 싸움은 두뇌와 두뇌와의 싸움이요, 강한 의지와 용기와의 싸움이요, 노력과 인내의 싸움이다. 자신의 생존을 위하여 다른 사람과 경쟁을 하면서 살아야 한다. 사람 사는 세상의 이치가 그렇다. 내가 더 잘 살고 행복하려고 노력하며, 내 가정이 더 화목해지길 바라고, 내 자식이 더 건강하고, 내 지역이 더 발전되길 원하며, 내 농사가 더 많은 수확과 소득을 올렸으면 한다. 사람은 겉으로 드러나지 않게 늘 선의의 경쟁을 하고 있고, 때로는 치열한 싸움을 벌이고 있다. 이러한 경쟁에서 포기하지 않고 최선을 다하여 완주하는 사람이 보다 나은 삶을 영위할 수 있다.

인간은 필연적으로 자신과 늘 싸워야 한다. 자신 안에 있는 또 다른 나와 힘겨운 경쟁을 해야 한다. 의지와 또 다른 의지, 용기와 또 다른 용기, 정신과 또 다른 정신의 싸움이다. 자승자강(自勝自强)이란 고사성어가 있다. 자기와의 싸움에서 이기는 사람이 세상에서 가장 강한 사람이라는 뜻을 담고 있다. 타인과 겨루는 경쟁과 싸움을 비교해 본다면, 자신과의 싸움은 몇 곱절 어렵다. 중국의 왕양명은

"파산중적이 파심중적란(破山中賊易 破心中賊難)"이라 했다. 산중에 도적은 물리치기 쉬우나 내 마음 속의 도둑은 물리치기 어렵다는 말이다. 진리가 담겨 있다.

자신을 이길 수 있는 또 다른 힘은 역경을 극복할 수 있는 극기와 고통을 참아내는 인내이다. 이퇴계는 '인생은 혈전장'이라고 갈파했다. "게으른 자기에서 부지런한 자기로, 나약한 자기에서 용감한 자기로, 거짓된 자기에서 참된 자기로, 비열한 자기에서 위대한 자기로 전환하느냐 못하느냐의 갈림길에서 싸움이 자주 일어난다"고 하였다. 이 싸움에서 극기와 인내를 바탕으로 이겨내야 보다 사람다운 사람이 될 수 있다.

인간은 살면서 자연, 타자(他者), 자신과 경쟁과 싸움을 늘 벌여야 한다. 경쟁은 긍정의 에너지가 되어야 한다. 발전의 원동력으로 전환시켜야 한다. 경쟁을 통해 가정과 사회가 발전하고 또한 나라도 발전할 수 있다. 물이 오래 흐르지 못하면 고여 썩어 버리듯 경쟁 없는 사회는 정체되고 발전을 기약할 수 없다. 삶에서 피할 수 없는 자신, 타인, 자연과의 끊임없는 경쟁에서 승리를 거머쥐는 사람이 되기 위해서는 강한 정신력과 용기를 바탕으로 지혜를 쌓아두려는 노력이 늘 필요하다.

제2의 인생창조

인간은 창조의 주체다. 조물주는 창조라는 놀라운 힘을 인간에게 주었다. 창조는 새로운 것을 만드는 것이요. 무에서 유를 만들어 내는 것이다. 신은 무에서 천지만물이라는 유를 창조해 내셨다. 인간은 무에서 유를 창조하지는 못한다. 사람에게 창조라는 뜻은 기존의 유에 슬기와 지혜를 끌어내고, 아이디어와 기술의 힘을 더하여 새로운 유를 창출해내는 것이다. 인간의 창조는 신의 그것에 비하여 미약하고 왜소하다. 그러나 신이 창조한 지상의 만물 중에서 인간만큼 위대한 창조력을 가진 존재는 없다. 인간의 창조는 주로 고도의 두뇌 작용과 손에 의하여 이루어진다. 사람의 두뇌는 사고의 핵심이요, 창조의 기관이요, 원동력이라고 할 수가 있다.

우리의 삶은 제1의 인생창조와 제2의 인생창조 등 두 번으로 나누어져 이루어진다. 제1의 인생창조는 어머니 뱃속에서 하나의 생명으로 잉태하여 세상에 밝은 빛을 보게 되는 생물학적 탄생으로부터 시작하여, 유아기, 어린이 시절, 청소년 시절에 이르는 기간이다. 이 시기는 자주력과 독립성이 없기 때문에 부모의 우산 밑에서 보호를 받는다. 사람 되는 교육을 부모한테서 받고, 초, 중, 고등학교, 대학교에서는 여러 선생님의 가르침을 통하여 지식과 학문을 습득하고 생활해 나가는 시기다.

제2의 인생창조는 인생의 동반자를 만나는 데서부터 시작된다. 사랑이라는 인연 속에서 나는 당신을 남편으로 선택하고, 당신은 나를 아내로 선택하여 결혼에 이른다. 부모 곁에서 벗어나 독자적인 가정을 꾸리고, 주관과 책임이 따르는 자주와 자립으로 살아가게 되는 게 두 번째 인생창조의 시작이다. 결혼을 하고 독자적인 가정을 꾸린다는 것은 부부일심 동체의 길이요, 공동운명체요, 생활공동체의 길이다. 같은 배를 타고 망망한 바다를 항해하는 것이다. 미래와 경제 그리고 행복에 대한 책임을 나누는 것이다. 서로에 대하여 깊은 관심을 가져주고 믿어주고 존경하며 협동하면서 살아가는 게 결혼이다.

살다보면 때로는 말다툼도 있을 수 있다. 실망할 때도 있고, 권태를 느낄 수도 있다. 감춰졌던 단점들이 드러나면서 후회할 때도 있다. 하지만, 이러한 사연들은 누구나 다 경험하고, 흔히 닥치는 일이기 때문에 슬기롭게 잘 넘겨야 한다. 산다는 것은 시련을 극복하는 길이요, 고난과 싸우는 길이요, 역경을 이겨내고 운명에 도전하는 것이다. 이러한 난제들을 잘 넘기기 위해서는 참을 수 있는 인내력과 어려움을 오래 버틸 수 있는 지구력을 길러야 한다. 온실에서 자란 화초는 생명력이 약하지만 산과 들에서 눈 비바람을 맞으며 자란 야생화는 생명력이 더욱 강하다. 제2의 인생을 산다는 것은 항상 훈훈한 봄바람만 부는 탄탄대로의 즐거운 여행길이 아니다. 행복은 저절로 이루어지는 것이 아니고 수많은 난제들을 돌파한 성과요, 공든 탑인 것이다. 부부간에는 사랑의 햇빛을 주어야 하고, 신뢰라는 따뜻한 물을 주어야 하고, 이기적인 잡초를 뽑아내야 한다. 독선의 벌레를 잡아주어야 하는 부단한 노력에서 행복이란 꽃이 필 수 있는 것이다.

제2인생을 창조하는 내면에는 새로운 역할이 주어진다. 남편을 맞이하는 아내는 내조자의 역할이 주어지고, 시부모 형제간을 맞이하는 며느리 역할이 주어지고, 가정의 살림살이를 책임져야 할 주부의 역할이 주어지고, 장차 슬하에 자식을 가졌을 때 어머니 역할이 주어진다. 아내를 맞이하는 남편은 외조자의 역할이 주어지고, 장인, 장모와 처가댁 형제들을 맞이하는 사위의 역할이 주어지고, 가정을 책임져야 하는 핵심 기둥으로서 가장의 역할이 주어지고, 슬하에 자식을 가졌을 때 아버지 역할이 주어진다. 남편과 아내에게 각각 네 가지씩 새로운 역할이 주어지는 것이다. 주어진 역할을 착실히 수행해야 번영과 행복의 문을 열 수 있다. 이 역할을 실천하고 알찬 결실을 맺으려면 부부는 공히 정직의 모자를 쓰고, 성실의 옷을 입어야 한다. 겸손의 허리띠를 매고, 근면의 신발을 신고, 참사랑의 노래를 흔쾌히 불러야 한다. 자기완성과 행복을 위하여 꾸준히 노력해야 한다.

2장

고향의 향기

사진 : 성산일출 _ 강형구

늙은 靑(청) 春(춘)

고향의 향기

고향은 모든 사람들이 동경하는 대상이다. 주변에는 고향을 애타게 그리워하며 가고 싶어도 못가는 이들이 많다. 한국전쟁으로 인하여 휴전선을 사이에 두고 정든 고향, 부모 형제들과 생이별을 한 사람들도 있다. 58년을 북녘 고향 하늘을 쳐다보면서 향수의 애환을 그리는 수백만 이산가족이 그들이다. 고국과 고향을 등지고 수십 년 동안 낯선 땅에 살면서 고향을 그리워하지만 다시 찾아보기도 여의치 않은 해외동포들도 많다. 같은 대지 위에 살고 있으면서도 생활이 넉넉지 못해 고향에 못가는 서러움을 가진 분들도 있다.

고향을 그리워해도 못가는 사람들의 마음을 담은 '꿈에 본 내 고향' 이란 노래가 있다. 고향에 대한 그리움과 아픔을 간직한 많은 사람들은 이 노래를 흥얼거리며 애환을 달랬으리라. 노래가사 구절구절마다 향수에 사무친 사람들의 애절함을 담고 있다. '꿈에 본 내 고향' 은 나의 애창곡이기도 하다.

고향이 그리워도 못가는 신세
저 하늘 저 산 아래 아득한 천리
언제나 외로워라 타향에서 우는 몸
꿈에 본 내 고향이 마냥 그리워.

고향을 떠나온 지 몇몇 해던가
타관 땅 돌고 돌아 헤매는 이 몸
내 부모 내 형제를 그 언제나 만나리
꿈에 본 내 고향을 차마 못 잊어.

고향은 우리가 태어나고 자란 곳을 일컫는다. 선조와 부모의 삶과 혼, 넋이 깊숙이 담겨 있는 생활 터전이고 가족의 역사를 창조하는 터이기도 하다. 가슴 속에 각인되어 늘 그리워하며 마냥 달려가고 싶은 곳이 바로 고향이다.

내 고향은 제주도 서귀포시 성산읍 오조리(吾照里)이다. 제주도의 동쪽 성산포에 있는 영주십경 중 제1경인 성산 일출봉으로부터 서쪽으로 1km 가량 떨어진 곳에 내가 태어난 오조리(吾照里) 부락이 위치하고 있다. 제주시와 서귀포시의 동쪽 경계 지점에 자리 잡고 있는 오조리(吾照里)는 천연 식물자원이 풍부한 식산봉을 의지하며, 조용하고 아늑한 해안에 접해있는 농어촌 마을이다.

오조리(吾照里)의 지리적 내력은 마을의 한자이름에서 알 수 있다. 첫 글자 오(吾) 자는 나 오자로서 다섯 오(五)에 입구(口)가 달려 있다. 부락에 들어오는 입출구가 다섯 군데가 있다는 뜻이다. 첫 번째 입출구는 서북쪽에 있는 '백문동산' 이고, 두 번째 출입구는 남쪽에 있는 '잔못' 이다. 세 번째 출입구는 북쪽으로 들어오는 '안가름' 이며, 네 번째 출입구는 부락 서쪽으로 드나드는 '진수막' 진입로가 있다. 마지막으로 다섯 번째 출입구는 서남쪽에 있는 '우치둥얼' 이란 마을 진입로가 있다. 이처럼 부락 출입구가 다섯 곳이 있어 첫 글자 나 오(吾)자를 쓰게 됐다. 두 번째 비칠 조(照)를 마을 이름에 쓰게 된 것은 일출봉을 중심으로 좌우로 해가 뜨면 그 빛이 제일 먼저 비치는 마을이라 하는 데서 명명됐다.

내가 세상의 밝은 빛을 처음 본 곳이 오조리(吾照里)이다. 1936년이었다. 고향은 사람이 태어난 곳이기도 하며 누구나 항상 그리워하고 언제나 찾고 싶은 대상이다. 고향은 따뜻한 정과 어릴 때 추억이 깊숙이 배어 있어 마음 한 구석을 늘 설레게 만드는 곳이다. 그 곳은 언제든지 따뜻한 봄이요, 정답고 포근한 어머니의 가슴이며 마음이기도 하다.

고향 어귀에 들어서면 오랫동안 친숙한 고향 냄새가 나를 반갑게 맞이해준다. 마을에 들어서서 한 발자국 디디며 걸을 때마다 어린 시절 벗들과 소꿉장난하던 아름다웠던 사연과 기억들이 새록새록 떠오르며 잠시 나를 멈추게 한다. 즐비하게 들어선 돌담도 정들어 반갑고, 골목길은 눈 가리고 걸어갈 수 있을 정도로 훤하고 익숙하다. 나무 한그루, 풀 한포기 마저도 아주 오랜 친구 같고, 옹기종기 들어선 마을 집들도 고향의 풍경을 그대로 간직하고 있다. 고향만이 줄 수 있는 소중한 추억은 내 가슴에 늘 간직돼왔고, 그 사연은 내 삶을 풍요롭게 해왔다.

나는 고향에서 34년을 살았고, 직장 일로 고향을 떠나 서귀포와 제주시에서 38년 넘게 살아 왔다. 이젠 은퇴한 지도 꽤 됐고, 인생 황혼기에 접어든 중년 노인이 의지할 수 있는 삶의 둥지는 이곳이 마지막이 아닌가도 생각해 본다. 물론 지금 살고 있는 집도 30년 가까이 있어 정이 들었고, 이웃들도 두루 알게 되어 고향과 다름없이 생각되지만, 조상과 부모 그리고 내가 태어난 고향처럼 진한 추억이 배어있고, 간절한 그리움의 대상이 될 수는 없다. 고향에 살고 있을 때는 고향의 존재감을 느끼지 못한다. 하지만 고향을 떠나 생활해보면 고향의 참맛을 비로소 느끼게 된다.

지금은 고향에서 약 50km 떨어진 제주시에서 살고 있다. 친근한 고향 냄새에 이끌려 한 달에 한 번씩은 오조리를 찾고 있다. 고향 근친족들의 경조사나 부락 행사가 있을 때에도 예외 없이 나는 고향으로 달려간다. 고향에 가면 동갑내기 벗들과 근친족들이 반가이 나를 맞아 준다. 고향의 바다냄새, 풀냄새, 흙냄새를 마음껏 마시면서 노년의 즐거운 시간을 만끽하게 된다. 고향은 오랜 정이 있어 늘 진지한 곳이며, 그립고 언제나 가고 싶은 곳임을 재삼 실감한다. 이 생명 다하는 날까지 고향을 늘 찾고자 한다. 고향은 언제나 고향사람을 기다리며 환영의 손짓을 하고 있다.[1)]

각주 [1)]

2007년 8월, 초회추천 당선작품

삶의 둥지

사람 뿐 아니라 생명이 붙어있는 모든 만물은 삶의 둥지인 집이 있게 마련이다. 육지에서, 산야에서, 들판에서, 바다에서, 호숫가에서, 밭에서, 논에서, 나무에서, 숲속에서 모든 생명체들은 삶의 둥지를 만들고 살아간다. 한세상 살아가는 동안 고향에서만 거주하며 죽을 때까지 살아야 된다는 법도 없고, 또 그렇게 사는 사람도 드물다. 물론 40여 년 전만 해도 봉건적인 사상이 농후했던 때라 조상과 부모가 태어난 곳에 살며 부모를 봉양하고 가문을 지키고 조상을 섬기는 게 자손 된 도리요, 부모에 대한 효도라고 생각하여 고향을 떠나지 않고 눌러앉은 사람이 많았다. 하지만 근래에 와서는 고향에 남아 살고 있는 사람은 대부분 노인들이다. 젊은 세대는 직장, 사업, 자식들의 교육문제, 농촌 탈피 경향 등의 여러 가지 사유로 대도시로 거주지를 이전하고, 외국으로 이민 가는 사례도 무척 늘고 있다는 뉴스기사를 종종 읽을 수 있다. 70여 년의 생애를 사는 동안 나는 열다섯 번 거주지를 옮겨 다녔다. 한평생 거쳐 온 삶의 둥지를 차례로 회상

해 본다.

내 삶의 첫 둥지는 남제주군 성산읍 오조리 886번지이다. 내가 태어난 곳이다. 1936년의 일이었다. 조상의 아취와 흔적이 물씬 담겨 있는 집에서 태어나 일곱 살 때까지 철부지 시절을 이곳에서 보냈다. 두 번째 삶의 둥지는 같은 부락인 오조리 106번지이다. 1943년(8살)부터 1968년(33살)까지 25년 동안 살았다. 이곳에 살면서 국민학교, 중학교, 고등학교를 졸업했고, 군 입대와 제대를 했고, 결혼도 했다. 슬하에 삼남 일녀의 자식을 두게 되었고, 공무원 공채시험에 합격한 것도 이곳에 살며 일어난 기쁜 일이었다. 성산 면사무소에서 근무하며 신산출장소장 및 총무계장 등의 보직을 맡아 6년 남짓 지역사회 발전에 기여했던 나에게는 안정된 기반이었고 든든한 명당자리가 오조리 106번지였다. 이곳에 살면서 내게 닥친 유일한 아픔은 아버지의 죽음이었다. 1948년에 발생한 제주 4 · 3사건의 비극은 당시 37살이었던 내 아버지의 젊음과 운명을 앗아갔다.

주소는 오조리 106번지 그대로였지만, 고등학교 시절 나는 거소지를 세 번 옮겨 다녔다. 1954년 4월부터 1955년 3월까지의 고등학교 1학년 시절에는 고향선배인 태조, 용식 형과 같이 제주시 일도일동 동선로에 있는 김신자 씨 집 방 한 칸에 세 들어 자취생활을 하였다. 고등학교 2학년 때인 1955년 4월부터 1956년 3월까지는 친족 형벌인 계선 형과 함께 제주시 일도일동 동선로에 있던 부윤하 씨 집 방 한 칸을 빌려 자취생활을 하였다. 1956년 4월부터 1957년 3월까지는 고향 친구인 희길과 함께 제주시 일도 2동에 있는 당시 후생약국 오성직 씨 집 방 한 칸을 빌어 생활을 하였고, 이곳에 살면서 고등학교를 졸업했다.

대한민국의 남자라면 대부분 군대생활 또한 젊은 시절에 한 번씩 거쳐 가는 삶의 둥지이다. 나는 1958년 2월 11일부터 1958년 4월 12일까지 2개월은 논산훈련소에 입소하여 훈련을 마쳤으며, 1958년 4월 중순부터 1959년 5월까지는 춘천시 동내면 학고리에 위치한 육군 505수송단 225대대에 배속되어 1년 2개월간 동안 이곳에서 군생활을 하였다. 1959년 6월부터 1960년 11월까지는 강원도 춘천시 북산면에 주둔해 있는 육군 제2군단 사령부에 전출되었고 1년 5개월 동안 근무하였다. 2년 9개월간의 군대생활도 이곳에서 마무리하였다. 군 제대와 함께 나는 오조리 106번지가 있는 고향으로 돌아왔다.

근무처를 옮긴 1969년(34살)부터 1년 동안은 서귀포시 서홍동에 있었던 김창명 씨 댁 방 한 칸을 빌어 살았다. 남제주군청 관리계장으로 근무할 때이다. 네 번째 둥지는 남제주군청 기획예산계장으로 재직하던 1970년에 거주하던 곳이었는데 서귀포시 천지동 302의 6번지에 있었던 양명우 씨 댁 방 한 칸을 빌어 한 해 동안 살았다. 1971년(36살) 한 해는 서귀포시 천지동 309의 14번지에서 거주하였다.

여섯 번째 삶의 둥지는 1972년(37살)부터 1979년(44살)까지 살았던 서귀포시 천지동 302의 4번지이다. 낡고 헌 집을 싼값에 매입하여 수리하고 이곳에서 가족들과 함께 8년 동안 살았다. 이곳에 살면서 남제주군청 기획예산계장을 거쳐 행정계장, 서귀읍 부읍장에 보직 되었다. 부읍장 재직할 당시에는 행정공무원의 꽃이었던 사무관 행정고시에 합격하여 남제주군 공보실장, 민방위과장, 내무과장 등 두루 요직을 거칠 수 있도록 발판을 마련해 준 삶의 둥지였다. 하지만 인생(人生) 운명이 그런지는 몰라도 세상에 하나밖에 없는 나의 어머님을 마지막으로 보내드리며 아픔을 추스르던 곳이다. 어머니는 70세를 일기로 돌아가셨다.

일곱 번째 삶의 둥지는 1980년(45살)부터 1982(47살)까지 거주했던 서귀포시 중앙동 279의 16번지다. 천지동 집을 팔아 마련된 돈으로 대지 60평을 매입하고 이곳에 25평형 단독주택을 새로 지었다. 우리 가족은 새롭게 지은 둥지에서 3년을 살았다. 이곳에 살면서 나는 남제주군 내무과장에서 서귀포시 초대총무과장으로 옮겼다. 서귀포가 읍에서 시로 승격되면서 처리해야할 업무가 산더미처럼 쌓여있던 터라 고생은 많았으나 보람도 있었다. 딸 명희도 결혼하여 출가하였다. 사위를 맞아 장인이 된 것도 이곳에 살며 생긴 반가운 일 중의 하나였다.

1982년 9월에 제주도청으로 전보발령을 받았으나, 그 해 연말까지 3개월 동안은 서귀포시에 거주하면서 출퇴근하였다. 하지만 이듬해 도청이 소재한 제주시로 옮겨야 했다. 여덟 번째 삶의 둥지는 1983년(48세)에 짧게 거주했던 제주시 삼도2동 248의37번지다. 김서연 전 남제주군수 집에 있는 15평형 별채 1동을 전세로 빌렸다. 당분간 이긴 하였지만 우리 가족 모두가 이곳으로 옮겨 살았으며 애들도 전부 제주시에서 학교를 다니게 되어 모처럼 온 가족이 함께 할 수 있었다.

하지만 우리 가족을 위해 편안한 삶의 정착지를 제주시에 마련하여야 하겠다는 고민을 시작하였다. 아내와 의논한 끝에 서귀포에 있는 대지와 집을 매각하고, 매각한 금액한도 내에서 빚을 더 내지 말고 제주시에 새 집을 짓기로 하였다. 일주일 남짓 여러 곳을 다니면서 집터를 물색하였다. 그 곳이 나와 아내가 지금 살고 있는 삶의 둥지인 제주시연동 310의 47번지이다. 85평의 대지를 매입하고 집을 새로 지었다. 1983년 6월에 착공하여 6개월 후인 12월 중순에 완공했다. 총 소요예산은 서귀포시에 있는 대지 및 주택을 매각한 3천 6백만 원 범위 내에서 모든 것을 마무리할 수 있었다. 이렇듯 아홉 번째 삶의 둥지는 새롭게 지은 건물이며, 남향으로 되어 여름에 시원하고 겨울에 따뜻한 곳이다. 우리 가족은 1983년 12월 25일 크리스마스에 짐을 이곳으로 모두 옮겼다. 가제도구 등 정리를 마무리하고 정착하니 나도 아내도 마음의 평온함을 찾을 수 있었고 가족 모두가 행복한 생활을 하게 되었다. 이곳에 살면서 세 아들이 모두 결혼하였고, 모두 분가하여 나름대로 독립적인 생활을 튼튼히 하고 있다.

2007년인 오늘에서 뒤를 돌아다보면 가족과 함께 아홉 곳, 혼자서는 6곳, 모두 합치면 열다섯 곳의 둥지를 지금까지 옮겨 다니면서 지내왔다. 지금 살고 있는 집은 24년 동안 내 삶의 터가 되고 있다. 앞으로 특별한 일이 없다면 이곳이 내 인생의 마지막 둥지가 될 가능성이 크다. 나는 내가 살아온 둥지를 잊지 않고 늘 마음에 간직하고 싶다. 이마에 주름살이 깊어가고, 오늘 걸음걸이가 어제 같지는 않지만 지난날 내 삶의 궤적을 돌아보며 아름다움을 매일 들춰내고 추억으로 더듬어보는 것은 오늘을 살아가는 힘이기 때문이다.

조개바다

삼복(三伏) 더위란 말만 들어도 열기가 달아오르고 찌는 듯한 여름이 성큼 다가 선 느낌이다. 삼복(三伏)은 더위의 삼경(三庚)이라 해서 여름철에 가장 더운 기간을 일컫는데, 초복(初伏), 중복(中伏), 말복(末伏) 등 세 철로 나누어져 있다. 삼복중에 처음 닥치는 무더위는 초복이다. 여름 하지가 지난 뒤 세 번째 경일(庚日)에 든다. 무더위가 닥쳐오고 있음을 암시해주는 더위다. 중복은 두 번째 더위로 하지가 지난 뒤 네 번째 되는 경일(庚日)에 든다. 더위가 절정인 중심에 있음을 말해주고 있다. 말복은 삼복중에 마지막으로 절기인 입추(立秋)가 지나 첫 번째 되는 경일(庚日)에 든다. 이제 더위가 막바지 접어들었음을 알려준다.

여름 삼복더위에도 사람들은 평상심을 잃지 않고 일을 하고 있다. 더위에 시달려 효율성이 떨어지고, 흘러내리는 땀으로 옷이 흠뻑 젖으면서도 노동자와 농민들은 쉴 새 없이 일을 하고 있다. 보기에 흐뭇하고 자랑스럽다. 기관, 단체, 회사, 기업체 등 여러 직장에서 여름휴가를 주는 것은 더위에 시달리며 몸이 녹초가 된 구성원들에게 휴식을 주어 활력을 재충전하고, 보다 효율적인 업무 성과와 능률을 향상시키기 위함이다. 가르침을 받는 학생이나 선생님이나 할 것 없이 삼복더위에는 공부하고 가르치는데 집중력이 떨어지고, 체력이 소진되기 때문에 여름방학을 통해 건강관리와 더불어 활력을 되찾을 수 있는 시간을 갖는다. 농가에서도 일의 능률이 떨어지고, 일사병에 걸릴 위험도 높아지기 때문에 무더위가 가장 심한 오전 11시부터 오후 3시까지는 일을 피하고, 아침저녁 좀 서늘한 시간에 밭에 나가 일을 한다. 도시 사람들은 산으로, 계곡으로, 나무숲으로 또는 바다로, 해수욕장으로 달려 나가 피서도 하며 자신의 건강을 다지기도 하고 있다.

삼복더위에 나는 고향에 있는 조개바다를 찾는다. 조개잡이를 하면서 세 가지 득을 보는 일을 하고 있다. 일거양득(一擧兩得) 즉, 한 가지 일을 하면서 두 가지 이득을 보는 일은 흔하다고 볼 수 있지만, 세 가지 이득(一擧三得)을 얻는 일은 그리 흔한 일이 아니다. 여름한철 고향바다에서 조개잡이 하면서 얻는 효과다.

첫 번째는 피서의 효과이다. 식산봉을 배경으로 하고 있는 50여만 평 남짓 드넓은 바다는 썰물 때가 되면 40~50cm 정도의 깊이가 된다. 무릎 높이로 물이 차오르는 바다에서 시원한 갯바람과 함께 해수욕도 즐기면서 하는 조개 캐기 작업은 더할 나위 없는 여름 피시이다. 두 번째는 식욕의 효과이다. 잡은 조개로 조개젓을 만들면 밑반찬으로 그만이다. 입맛이 떨어지기 쉬운 여름한철 식욕을 돋우어 준다. 더욱이 조개 죽, 조개부침 등의 음식재료로 다양하게 쓸 수 있다.

세 번째는 운동의 효과이다. 조개잡이는 물이 전부 빠져나간 곳에서도 할 수 있지만 나는 바닷물이 어느 정도 있는 모래밭에서 옷을 적시면서 조개를 캔다. 손과 발을 쉴 새 없이 움직이며 작업을 하는 것은 팔다리 운동이 될 뿐만 아니라 온몸 건강에도 효과가 좋다.

어른, 아이, 지역주민과 관광객들 할 것 없이 모여들어 북새통을 이루고 있는 광경은 내 고향 조개바다가 아니고서는 보기 힘든 광경이다. 이 지역 주민들은 조개잡이로 일부는 식당 등에 팔아 짭짤한 용돈도 벌 수 있어서 여름한철 없어서는 안 될 중요한 소득원으로 자리매김하고 있다.

조개잡이는 물때를 잘 맞추어 가야 한다. 썰물과 밀물은 15일 단위로 간만의 차이를 나타내기 때문에 조개잡이 최적기는 여섯 물기에서 아홉 물기까지다. 특별한 일이 있을 때를 제외한 삼복더위에는 해마다 한 살 터울 아내와 함께 고향 오조리에 있는 조개바다를 찾는다. 고향 내음을 마음껏 마시고 조개를 캐며 아득한 어린 시절 추억도 되살려 본다. 오순도순 정담을 나누며 노부부의 사랑을 불붙여 보기도 한다.

조개잡이를 끝내고 저녁 어스름 무렵이면 집으로 돌아온다. 모든 잡념과 스트레스가 사라져 있다. 더위는 간 데 없고 상쾌한 마음에 기분도 만점이다. 조개바다에서 누리는 일거삼득(一擧三得)에 여름한철 삼복더위는 거뜬하다.

식산봉(食山峯)

내 고향 오조리에 있는 식산봉은 제주시에서 동쪽으로 45km 지점 서귀포시에서 동쪽으로 47km 지점인 성산읍 오조리 313번지에 위치해 있다. 높이 65m, 면적 53,199m²의 자그마한 봉우리로서 동쪽으로 1km 가량 가면 성산 일출봉이 있다. 주변 어느 곳에서 보더라도 식산봉은 정삼각형으로 아름답게 보인다. 사시사철 상록이 우거져 젊음의 상징이요, 희망의 상징이요, 미래의 상징이기도 하다.

식산봉(食山峯)이란 이름의 유래는 고려시대로 거슬러 올라간다. 고려와 조선시대에 걸쳐 성산포 앞 바다에 있는 우도와 오조리 해안 일대에는 유독 왜적이 침입이 잦았다. 당시 오조리 해안을 경계하고 지키던 조방장(助防將)은 여러 궁리를 하고 생각해낸 끝에 마을 사람들에게 누람지(노적을 덮는 띠로 엮은 이엉)를 만들게 하고, 식산봉 전체를 두루 덮게 하였다. 연근해 바다에 진을 치고 있던 왜적들이 식산봉을 바라볼 때 군량미가 산더미처럼 쌓여 있는 것처럼 보였다. 이에 왜군은 많은 병력이 성산포 일대에 주둔해 있는 것으로 판단하고 오조리 해안가에 함부로 침범을 못했다는 이야기가 전해지고 있다. 이때부터 이 봉우리를 밥 식(食)자에 뫼 산(山)자를 붙여 식산봉(食山峯)이라 불렀다 한다.

식산봉 봉우리에는 장군석이라는 바위가 있어 바위오름이라고 부르기도 하는데 '바오름' 이라고도 하였다. 식산봉은 용암으로 이루어진 완추형 화산체로서 수령이 오래된 해송이 많고, 왕대나무, 동백나무, 가마귀쪽나무, 후박나무, 생달나무 등 상록수목이 우거져있다. 많은 새들이 둥지를 이루고 새끼를 낳기에 알맞은 곳이기도 하다. 또한 환경부가 야생동식물로 지정한 황근과 상록의 덩굴인후추(바람등칡)가 자생하고 있는 곳이기도 하다. 이 식물은 제주도 해안과 전남완도에서만 발견할 수 있을 만큼 희귀하다.

식산봉에 얽힌 두 가지 전설이 예부터 내려오고 있다. 첫째 이야기는 왕바위에 관련돼 있다. 식산봉정상 근처에는 눈에 띄는 왕바위가 있다. 마을 사람들은 이 바위를 장군석이라 불렀다. 공교롭게도 봉우리 서쪽 300m 지점에 위치한 부(夫)씨 선묘와 마주하고 있어서, 이 왕바위의 정기로 부(夫)씨 집안에서 장군이 나올 지세라는 얘기가 나돌았다. 이를 못마땅하게 여긴 관가에서는 거물급 장수가 나와서 나라를 어지럽게 만들지도 모른다고 판단하여 그 장군석의 상단부분을 깨부수어 버렸다. 그 때 그 바위에서 붉은 피가 흘러나왔다는 전설이 있다.

두 번째 전설은 사랑이야기다. 이 마을에는 옥녀라는 양반집 처녀가 있었다. 미모까지 출중했던 그녀는 서민층 집안인 대장장이의 아들 부(夫)씨 총각과 눈이 맞았고, 인연이 되어 깊은 사랑을 하고 있었다. 양반과 서민계급이라는 신분의 차이로 맺어지기 어렵다는 것을 알고, 한탄을 하면서도 남몰래 자주 만나 애틋한 사랑을 나누었다. 당시 마을을 지키는 조방장은 사람은 옥녀의 미모에 반해 그녀를 짝사랑하고 있었다. 조방장은 옥녀에게 정식적인 구애를 하였으나 그녀는 사랑하는 사람이 있다 하여 거들떠보지도 않는다. 질투에 사로잡힌 조방장은 부(夫)씨 총각에게 여러 가지 누명을 씌우고, 잡아다 목을 매달아 죽인 후 그 시체를 바닷가에 내다버린다. 이후 옥녀에게 환심을 사려고 갖은 수단을 썼으나 결국 뜻을 이루지 못하였다. 조방장에게 모진 시달림을 받고 풀려난 옥녀는 부(夫) 씨 총각을 찾아 헤매던 끝에 바우오름 동쪽 바닷가에서 이미 숨져있는 정인(情人)을 발견한다. 옥녀는 머리를 풀어헤친 채 부(夫)씨 총각의 시체를 부둥켜 안고 울고 또 울다가 지쳐 그 자리에 쓰러져 죽고 그 상태로 바위로 굳어버렸다 한다. 이것이 바우오름이고 옥녀산발형(玉女散髮形)이라는 이야기의 유래이다.

식산봉은 오조리 마을에 인접해 있어 어릴 때부터 벗들과 자주 드나들면서 나무열매도 따 먹고 즐겁게 놀던 놀이터였다. 산 남쪽과 동쪽에는 오조리 양어장과 외각 바다가 닿아 있어, 술맹이, 코생이, 닷찌, 숭어, 뱀장어를 잡고 낚시도 하던 곳이다. 잊을 수 없는 추억들이 가지런히 담겨 있는 곳이다. 높이 65m의 봉우리 정상에 올라서서 보면 남쪽, 동쪽, 북쪽이 전부 바다로 둘러 쌓여있어 대천바다에서 큰 유람선을 탄 듯 상쾌하고 시름이 가신다. 희망을 솟게 하며 삶에 밝은 향기를 되찾아주는 곳이다.

봉우리 밑으로는 바닷가까지 1km 가량의 산책 코스가 있다. 넘실

거리는 파도소리, 시원한 갯바람, 새들이 지저귀며 아름다운 노래 소리와 맑은 공기가 어우러진 이 길을 따라 걷다 보면 형언할 수 없는 기분에 심취하게 된다. 식산봉이 아니면 느낄 수 없는 환상의 체험을 연인과 신혼부부에게도 추천하고 싶다.

여름철이면 바닷가에 인접한 나무에서 떨어지는 여러 가지 열매와 벌레들을 먹기 위하여 작은 물고기들이 옹기종기 모여드는 풍경은 장관이다. 전설과 이야기 그리고 아름다움을 드리운 고향 오조리가 자랑스럽고 흡족하다. 고향을 떠나 멀지 않은 서귀포, 제주시 등지에서 생활한 지가 40여 년을 넘기고 있지만 단 하루도 고향을 잊어본 적이 없다. 자주 고향을 찾아 고향의 짙은 갯냄새를 음미하고, 식산봉도 올라보고, 산책길도 밟아보면서 어머니 가슴과 같은 포근하고 따뜻한 고향의 품속에 안겨보곤 한다. 오! 식산봉이여! 언제나 고향인을 우러러보고 보살펴주소서.

밤바다 낚시

40여 년간 공직생활에서 퇴직한 게 1997년 말이다. 이후 건강을 다지는 취미생활로 즐기기 시작한 게 낚시이다. 퇴직을 하고 집에 머무는 시간이 많아지면서 어떠한 일이든지 기회가 닿으면 마다하지 않고 달려들었다. 때로는 고향에 달려가서 포근하고 따뜻한 고향의 품속에 안겨 보기도 하고, 오랜 벗들과 같이 박주(薄酒)도 한잔 하고, 갯바위 낚시도 한다. 고향냄새에 마음껏 취할 수 있는 시간이다.

1998년 8월의 하루였다. 고향에서 갈치 채낚기를 업으로 하고 있는 손아래 처남이 연락이 왔다. "직장도 그만두고 심심하지 않으세요" 하며 배 멀미를 하지 않으면 바다낚시를 같이 가자는 것이었다. 마침 선원 한사람이 쉬게 되어 뱃마루에 한자리가 비었다고 한다. 먼 바다에 나가 밤낚시를 해본 경험이 없는 나로서는 "글세" 하면서 망설였다. 처남은 배에 갈치 낚는 술도 여분이 있으니 아무 걱정 하지 말라고 한다. 오후 4시까지 오조리항 부두로 무조건 나오라고 했다. 아내한테 자초지종을 말하고 오조리 항 부두로 향하였다. 오후 4시경 부두에 도착하고 보니 처남을 비롯한 뱃동서 다섯 사람이 먼저 나와 있었다. 뱃동서들은 모두 고향 출신 초등학교 후배들이었다. 평소 절친하여 잘 아는 동생들이어서 무척 반갑게 나를 맞아 주었다. "오늘 참 잘 오셨습니다." 반가워하며 오늘 밤 갈치 낚시는 '중언이 형님' 손에 전부 잡혀서 갈치 씨가 남아나지 않겠다는 즐거운 농담이 오고갔다.

갈치 채낚기는 부두에서 한 시간 남짓 배를 타고, 30~40km 가량 해안에서 떨어져 있는 지점까지 멀리 나아가 작업할 곳을 우선 고른다. 낚시를 할 선택 지점에 배는 머물고, 본격적인 낚시 준비를 하기 시작했다. 처남은 나에게 배 좌측 중간 자리에서 낚시를 하라고 장소를 정하여 주었다. 처남에 따르면, 갈치 채낚기는 배의 앞쪽 이물과 배의 뒤쪽의 고물에서 갈치가 제일 잘 낚이며, 배의 중앙자리는 낚기가 수월치 않다고 귀띔해주었다. 편안하게 즐기라는 얘기다. 갈치 채낚기에 쓰는 술은 여름에는 10m내 외, 가을, 겨울에는 20~30m로 두 배 가량 더 길다. 낚시는 술 하나에 1.5m의 간격으로 10개내지 15개씩을 달고 낚는다. 나는 냉동된 꽁치를 잘게 썰어서 10개의 낚시에 미끼를 꿰고 물속으로 고기술을 던져놓았다.

갈치 채낚기는 치열한 전투다. 미끼를 꿰어 놓은 후 입질을 하는 것을 제때 간파하고 술을 당겼을 때 갈치가 낚여 올라오면 내가 이기는 것이다. 하지만 미끼를 잃고 고기마저 놓친다면 진 게임이다. 사람과 갈치는 이슥한 밤에 한바탕 싸움판을 벌이는 것이다. 밤 8시가 지나면서 배에는 훤한 전등불이 켜졌다. 얼마 지나지 않아 배의 앞쪽과 뒤쪽에서는 "올라온다!"는 외침과 함께 갈치의 싱싱한 몸부림을 볼 수 있었다. 한참이 지나도록 나는 아무런 입질도 느끼지 못했고 허탕이었다. 갈칫배 낚시가 처음이라서 그런지 입질인지 아닌지를 정확하게 판달 할 수가 없었다. 안쓰럽게 바라보던 동생이 다가오더니 도움을 준다. 갈치 술을 보는 게 아니라 술을 매단 낚싯대 끝을 유심히 보라는 것이었다. 갈치가 물면 낚싯대 끝이 조금씩 상하로 움직인다는 것이었다. 바로 그때 나의 낚싯대 끝이 위아래로 움직임을 보이고 있었다. 이때다 하고 고기술을 당겨보니 적당히 커 보이는 갈치 두 마리가 걸려 올라오는 게 아닌가. 난생 처음으로 갈칫배 낚시에 나선 초보자에게 걸려 올라오는 갈치를 보니 얼마나 반갑고 감격스러운지 그 느낌은 말로 표현할 수 없다.

갈치는 다른 바닷고기를 낚는 것과는 달라서 밤에만 물고 낚인다. 한 가지 힘든 일은 갈치가 배 주변으로 몰려들어 물기 시작하면 밤새워 새벽까지 작업을 해야 한다는 점이다. 배마다 천 촉짜리 집어등을 30~40개씩 매달아 낮과 같이 훤하게 불을 밝히고 있어 태양 볕 아래 있는 것처럼 땀이 흘러내리기도 한다. 갈치 떼들은 이 집어등의 밝은 불빛을 보고 모여든다. 성수기 때에는 수백 척의 갈치어선이 모여들기 때문에 이 배들이 밝힌 집어등은 불야성을 이루고 도시의 야경을 연상케 하며, 그 아름다움은 장관이다. 바다 한 가운데 넘실거리는 파고의 힘에 좌우로 흔들리는 배위에서 시원한 바닷바람과 깨끗한 공기를 마시는 그 순간, 다시 한 번 젊음이 샘솟는 듯하다. 때로는 삼치, 고등어 같은 횟감으로 좋은 바다고기가 낚여, 회를 치고 퍼덕거리는 생선회에 소주 한잔 걸치면 바다낚시는 그야말로 천하일품이 된다. 즐거운 인생이며 행복 그 자체라는 것을 실감한다. 기분은 바다 위를 넘실대고 통쾌한 하룻밤이 된다. 이것이 갈치 채낚기의 매력이다.

하룻밤 갈치 체험현장에서 나는 숙달된 뱃사람이 되었다. 한번 술질에 갈치가 여섯 마리까지 올라오기도 하였다. 작업을 마치고 내가 잡은 갈치를 저울로 달아보니 10㎏짜리 두 상자로 총 20㎏이었다. 이물과 고물에서 작업한 선원들은 각각 40~50㎏씩 나보다 두 배 이상을 낚았다. 갈치가 많이 잡히면 절반 정도는 팔아서 기름 값을 우선 충당한다. 나머지는 자식과 친한 동네 이웃에게 서너 마리 씩 나누어주기도 하고, 우리 집 찬거리가 되어 식탁을 풍성하게 해준다. 이러한 연유에서 동네에서는 갈치부군수라는 듣기 좋은 별명으로 불리기도 했다.

처남은 그 후에도 가끔씩 뱃동서가 비어 있을 때면 어김없이 연락을 준다. 2006년 한해에는 다섯 차례나 갈치 채낚기를 할 수 있었다. 하지만 이러한 즐거움도 잠시였다. 이듬해인 2007년에 처남이 갈치 채낚기 어선 일을 그만 두었기 때문이다. 그 이후론 가끔씩 소형어선을 빌려 근해에서 어랭이, 우럭 등 작은 바닷물고기를 낚으며 취미생활을 이어가고 있다. 갈치 채낚기뿐만 아니라 다른 바다낚시도 언제든지 해 볼 생각이다. 밤잠을 못자서 몸은 고생이지만, 정신건강을 유지하며 운동도 되고, 반찬거리에도 보탬이 되고, 차량유류대도 충당할 수 있는 취미생활이 갈치 채낚기이다. 바다는 언제나 나를 부르고 있다.

정의(情義)의 선배

사람으로 태어나 자라고 성장하는 동안 부모와 자식, 부부, 형제자매지간 등의 같은 혈족관계를 예외하고서도 우리는 자연스럽게 여러 사람을 만나며 살아가고 있다. 공자의 철학에서 어질 인(仁)은 기본이념이며, 근본원리요, 유교의 중심덕목이기도 하다. 어질 인(仁)자는 사람 인(人)변에 두 이(二)자가 결합하여 이루어진 글자이다. 인(仁)자의 뜻에서 유추해보면 사람은 혼자서 어질 수 없고 타인과의 관계에서 사랑과 박애를 베풀면서 어질 수 있다는 의미로 해석할 수 있다. 한세상을 살면서 사람과 사람과의 만남을 떠나서는 살아갈 수 없을 뿐더러 존재의 가치도 없기 때문에 인(仁)자는 사뭇 깊은 뜻을 내포하고 있다.

사람을 한자어로 사람 인(人)자와 사이 간(間)자를 붙여 인간(人間)이라고 한 것은 사람과 사람과의 관계를 말하고 있다. 간(間)자는 대문 사이로 밝은 햇빛이 비치는 현상을 상징하는 글자다. 사람인 인간(人間)은 간(間)적 존재요, 관계적(關係的) 존재요, 생즉관계(生卽關

係)라고도 하고 만남의 존재라고도 한다.

나는 70여 년을 살아오면서 고향 선후배, 학교 선후배 직장 선후배, 동창 등 여러 계층의 사람들을 자연스럽게 만나고 관계를 유지해 오고 있다. 이 가운데에 내가 추대(推戴)하고 존경하며 정의를 나눌 수 있는 선배가 한 분 있다. 이 선배는 같은 읍면 고향 출신이며, 초등학교와 중학교 선배다. 연령은 나와 한 살 차이지만 학문과 덕행이 뛰어나고 인간적 선배로서 존경한다. 선배의 이름은 김봉육(金奉六) 형님이시다.

정의(情義)란 무엇이냐? 정(情)과 의리(義理)를 말하고 있는데 정(情)은 친절하고 사랑하는 마음이요, 의리(義理)는 사람으로서 지켜야 할 바른 길을 말하고 있다. 김봉육 선배는 나에게는 둘도 없는 정의의 선배요, 형님이라고 할 수 있다. 김 선배는 1955년에 제주사범학교를 졸업하고 바로 그해 교직에 몸을 담았다. 재직 중인 1985년에는 제주방송통신대학교 학사과정을 졸업한 열렬한 학구파이기도 하다. 김 선배는 44년이란 반평생을 교육이란 십자가를 한결같이 짊어지고, 여러 학교의 교사로 재직하였고, 교감, 교장직과 제주도 교육청 초등교육국장 등을 두루 거쳤다. 국가백년대계인 후진양성과 교육발전에 생애 대부분을 헌신해 온 것이다. 선배는 1999년에 정년퇴임을 하고 여생을 알차게 보내고 있다. 많은 경륜과 경험을 쌓은 교육원로로서 현재는 제주특별자치도 교육발전협의회 회장직을 맡아 제주지역의 교육발전을 위하여 노(老)의 청춘을 불사르고 있다.

초등학교 시절부터 알고 있는 사이였지만, 선배와 내가 절친하게 맺어진 동기는 1970년으로 거슬러 올라간다. 이 해는 내가 남제주군청 기획예산 계장으로 근무하며 서귀포에 거주하고 있었을 때이다. 같은 해에 김 선배가 남제주군교육청 장학사로 부임하여 서귀포에 거주하면서 자연스럽게 선배와의 친분이 더욱 두터워지지 않았나 하는 생각이다. 더욱이 고향시절부터 절친하게 지내오던 선배의 부인과 내 아내가 서귀포에 거주하고 있던 고향 출신 세 사람의 부인과 함께 다섯 부부의 친목회 모임을 만들어 친형제처럼 가깝게 지내오고 있었다. 김 선배와의 정의(情義)도 이때부터 더욱 밀착되었고, 정기적인 만남으로 정의(情義)를 지속적으로 유지하였다. 시간이 날 때마다 나는 김 선배와 만나 약주도 한잔하고, 삶의 덕담도 나누고, 생활에 유익한 정보도 얘기하면서 끈끈한 정을 두텁게 다져 오고 있다.

그 후 나는 서귀포에 14년 동안 살다가 1982년에 제주도청으로 인사 발령이 되면서 제주시로 거처를 옮기게 되었다. 김 선배는 서귀포와 남제주군지역에서 6년을 더 근무하였고, 1988년에 도교육청으로 발령을 받아 제주시로 옮겨왔다. 우연인지 몰라도 김 선배는 우리 집이 있는 신제주 지역 연동에 살게 되었다. 우리 집에서 보통 걸음으로 걸어서 15분이면 김 선배를 찾을 수 있다.

제주시에서도 선배와의 인연과 우정은 지속되었다. 선배 부부와 우리 부부 네 사람은 월 한 차례씩 정기적으로 만남의 자리를 갖고 있다. 여러 가지 정치현안에 대한 얘기와 평가도 하고, 자손들에 대한 이야기도 나누고, 고향에 대한 추억을 끼내보기도 한다. 건강비법, 생활 정보 등의 이야기도 빠질 수 없다. 김 선배와는 친형제 이상으로 진솔하고 참다운 우정과 정의(情義)를 나누고 있다.

선배의 성품은 너그럽고 관대하며 선하고 인자하여 주위 사람들로부터 선망과 존경이 대상이 되고 있다. 내가 37년을 알고 지내오면서 오늘날까지 얼굴 한번 붉힌 점이 없다는 것에서 알 수 있듯이 선배는 모든 면에 수양이 잘 갖추어진 그러한 분이다. 이러한 그의 인격에서 나는 선배를 더욱 존경하게 되었는지도 모른다.

선배와 갖는 매월 정기 모임은 나의 생활에 활력을 주는 만남이다. 향상심에 박차를 가하는 만남이요, 선도를 촉진하는 만남이기도 하다. 말과 정이 흐뭇하게 흐르고, 조화의 멜로디를 자아내어 항상 즐거움을 창출하는 만남이다. 인격과 양심, 신의를 갖고 서로를 존중하며, 아끼고 대화하는 선배와의 인연은 나에게 소중한 만남이다.

'산다는 것'의 가치는 사람끼리 서로 만나 즐거운 대화를 주고받는 것이다. 한때 필요해서 이기적으로 만남을 이용하고, 기회주의적으로 사람을 대하는 인간관계는 순간적이어서 지속될 수 없으며, 즐겁지 않고, 진솔할 수도 없다. 오직 한결 같고 지속적이며, 조건이 없는 만남, 그런 인간적 만남은 서로가 깊은 마음을 교감할 수 있는 인연이며, 대화의 넓이나 깊이나 다르리란 생각이다.

논어에 인자무적(仁者無敵)이란 말이 있다. 인자한 사람에겐 적이 없다. 사람은 인자하고 원만하여야한다. 김 선배는 이러한 지혜와 능력을 가진 분이다. 정의(情義)가 늘 몸에 배어있어 존경하는 선배로 내 마음속에 각인된 분이다. 여생동안 선배가 지닌 정의(情義)와 '형님!, 동생!' 하는 우의는 더욱 돈독해지고 진하게 자리매김해나가리라.

지금 고향 벗들은

이미 속세를 하직하고 하늘나라로 간 고향 벗들의 영혼에 명복을 빈다. 우리는 혼자서 세상에 왔다가 결국엔 혼자 세상을 떠난다. 사람의 운명이다. 나는 물론이거니와 고향 벗들도 모두 홀로 태어났다. 모두가 부모의 정성스런 보살핌과 보호를 받으면서 귀엽게 자랐을 테고, 가정에서 학교에서 사회에서 성장하면서 많은 인생 경험과 경륜을 쌓아왔을 것이다. 이들이 나의 고향 불알친구들이다.

나이로 보면 모두가 고희를 넘기고 72세에서부터 75세까지 두루 포진해 있다. 내가 태어난 해인 1936년은 우리나라 손기정 선수가 일장기를 가슴에 달고 베를린 올림픽 마라톤대회에서 우승하여 월계관을 획득한 해이다. 서울에 있는 한강 인도교가 처음으로 개통된 해이기도 하다.

우리 벗들의 첫 만남은 해방 1년 전에 이루어졌다. 1944년 성산읍 고성리 동남동에 있는 당시 성산서 공립국민학교(현재 동남초등학교)에 입학하였다. 당시 모교의 학군은 성산, 시흥, 오조, 고성, 신양,

수산1 · 2리, 온평리 등 8개 부락을 포함하고 있었다. 성산읍에서는 1923년에 제일 먼저 문을 연 역사 깊은 초등학교이기도 하다. 동급 학생 수는 142명으로 갑반에 70명, 을반에 72명하여 2개 반으로 배분 편성되어 공부를 시작하였다. 아이우에오(あいうえお), 가기구게고(カキクケコ)를 따라하면서 일본어를 배우는 게 주된 학교 교육이었다. 교장선생은 당연히 일본사람이었고, 교사진도 일부 일본인 출신과 한국인으로 구성되어 있었으나 주로 일본에서 공부한 선생님들이 비중이 컸다. 학생들의 이름은 누구나 할 것 없이 창씨개명 되었으며, 나의 일본식 이름은 오까무라주겐이었다.

내가 초등학교 2학년 때인 1945년에 우리는 해방의 기쁨을 맞이하였고, 그때부터 일본 공부를 더 이상 하지 않아도 되었다. 세종대왕이 창제한 우리말 우리글을 배우기 시작하였다. 일본어 공부는 숙달도 하기 전에 끝나버렸다. 고희를 넘게 살아오면서 고향 벗들은 2차 세계대전과 더불어 수십 년간 일본이 강점기 하에서 많은 고통과 설움을 받으면서 자랐고, 1948년에는 해방의 기쁨도 잠시 제주 최대 비극인 4 · 3사건의 참혹상을 겪어야 했다. 1950년부터는 민족동란인 6 · 25전쟁의 소용돌이에 휩싸이는 전쟁의 경험을 겪어야 했다. 이러한 혼란스러운 역사의 시기에 역경과 고통들을 참으며 슬기롭게 극복하며 성산서 공립 초등학교를 23회기로 졸업한 동기들이 고향 벗들이다.

1950년에 졸업했으니 올해 2007년이면 졸업 57주년이 되는 셈이다. 그 당시 초등학교를 졸업한 벗들의 80% 정도는 중학교에 진학을 하였고, 가정형편상 20%는 중학교를 가지 못하는 아픔이 있었다. 많은 세월이 흘러 직장에 있던 벗들은 퇴직을 하였고, 자영업이나 농사를 짓는 벗들은 나이도 잊은 채 아직도 구슬땀을 흘리며 열심히 일하고 있다. 늙음을 불사르고 청춘의 길을 걷고 있는 고향 벗들이다. 이제는 모두가 얼마 남지 않은 여생을 살아가며 지난한 삶도 뒤돌아보고 참회와 회고하는 시간으로 보내고 있다.

초등학교 동창들은 수십 년 전부터 23회 친목회를 조직하여 벗들의 경조사를 돌아보고 있다. 해마다 여름과 겨울, 각각 한 차례씩 부락순번제로 돌아가면서 정기모임을 갖고 있다. 모일 때면 푸짐한 오찬과 약주를 걸치면서 어린 시절에 아기자기했던 사연과 추억들을 다시 모아 이야기를 지피고, 웃음꽃을 피우며 우정을 아름답게 돈독하게 다져나간다. 모임에서는 회비를 약간씩 추렴하여 모교 후배들을 위한 장학금을 만들었다. 후배 졸업식에 회장이 직접 참석하여 격려해주며, 가정 형편이 어려운 학생 2명을 추천받아 1인당 10만 원씩의 장학금을 수여한다. 후배들에게 좋은 본보기가 되고 있다.

이러한 벗들도 세월의 흐름을 거스를 수 없는 듯 해마다 하나둘 세상을 떠나고 있다. 모임이 있을 때마다 보이지 않는 벗이 있어 물어보면 엊그제 세상을 하직했다는 안타까운 소식이 들리기도 한다. 죽음은 누구를 막론하고 당연히 거쳐 가는 길이라고 생각하면서도 허무함과 슬픔은 달랠 길이 없다.

2007년 8월 11일 여름 정기모임이 있을 때, 나는 벗들의 생사여부를 확실히 알기 위하여 부락별로 확인하여 보았다. 졸업 동기 총 137명 가운데 52%인 71명이 이미 세상을 떠났고 생존자는 48%인 66명으로 확인이 되었다. 이 중에 도외거주자는 18명, 도내거주자는 48

명이었다. 도내거주자 중 동창회에 참석자는 30여 명에 불과하며 나머지 18명은 전혀 동창회에 관심을 갖지 않는 벗들이다. 모임에 참석하지 않는 벗들의 마음과 사유는 알 수 없다. 가급적이면 참석하여 늘그막 즐거운 우정을 같이 나누었으면 하는 바람 간절하다.

고향 벗들이여! 인생 제일의 자산은 첫째도 건강, 둘째도 건강이요, 셋째도 건강이다. 세월에 굴하여 하늘나라로 떠나지 말고, 젖 먹은 힘을 다하여 가는 세월 꽉 붙잡고 단 하루라도 더 살다 가자꾸나. 먼저 세상을 떠나간 벗들의 영혼에 경건한 마음으로 머리 숙여 명복을 빈다.

법문을 들으면서

오은순

사찰 뒤로 먹구름이 지나가고

흰 구름이 지난 다음

파란 하늘이 보이는구나

터진목에서 부는 바람

예나 지금이나 변하지 않은 것이 있다면 성산 앞바르 터진목의 날카롭고 위잉~위잉 하는 특유한 모래바람 소리이다. 40여 년 만에 다시 맞아보는 모랫바람 소리도 역시 그 옛날을 고스란히 간직하고 있었다. 성산포입구 터진목 한겨울 바람살은 성산포 인근에 접해있는 시흥, 오조, 고성, 신양, 수산리 등의 부락에 살고 있다면 모르는 주민이 없을 정도이다. 터진목을 걸어서 지나본 사람은 대부분 한두 번씩 살을 에는 듯한 모랫바람을 경험한다. 겨울의 터진목은 성산지역에서 가장 쌀쌀하고 세찬 바람이 부는 곳이다.

터진목은 왜 터진목이라 하고 겨울에는 차가운 모랫바람이 심하게 불어댈까. 앞바르 터진목은 성산리로 들어가는 좁은 길목의 어귀이다. 1940년대 초만 해도 이곳은 간만의 조수차가 심하여 진입로가 바닷물에 잠겼다가, 열리기도 하고 닫히기도 하는 자연 수문이었다. 제주에서 유일하게 육지와 섬이 간신히 이어져 있는 연육도인데, 막히지 않고 확 트여있는 길목이라 하여 '터진목' 이라 불렀다 한다.

터진목은 성산리와 고성리 경계선에 접해 있다. 서북쪽과 서남쪽으로는 조개 밭과 옛 성산수산고등학교 양어장 등 해안으로 접해 둘러싸여 있고, 남쪽으로는 길, 북동쪽으로는 성산일출봉이 웅장하게 자리 잡고 있다. 터진목 동쪽으로는 대해바다와 바로 연결되어 있다. 북동쪽만 일출봉으로 조금 의지가 될 뿐, 터진목의 서북쪽, 동남쪽, 서남쪽, 동쪽 등은 전부 바다로 둘러싸이게 되는 지형이다. 터진목의 주변은 잔모래 밭이 형성되어 있어서, 겨울바람이 조금이라도 술렁이기 시작하면 위잉~위잉 하는 소리와 함께 잔모래들이 하늘로 치솟아 올랐다가 내려오며 행인들의 시야를 가린다. 사막의 모랫바람처럼 길 가는 나그네를 곤혹스럽게 하는 길목이기도 하다. 여름 한 철만 빼고는, 봄, 가을에도 늘 찬바람이 부는 듯한 느낌을 주는 곳이 터진목이다.

터진목은 한 때 내가 매일 아침저녁으로 걸어서 다녀 눈 감아도 훤한 길이기도 하다. 1961년에는 성산읍의 소재지가 성산리에 있었고, 그 곳 면사무소에 내가 근무하게 되면서 나와 터진목의 인연은 시작되었다. 오조리에서 약 1.8㎞의 거리를 매일 걸어서 출퇴근 하였다. 성산수고가 운영했던 양어장을 위해 만들어진 갑문의 다리를 통해 하루도 빠짐없이 통근 걸음을 해서인지 터진목은 내게 친숙한 길동무였다.

앞바르 터진목은 아픈 제주 역사를 간직하고 있다. 제주 4 · 3 사건을 목격한 현장이며 성산읍의 청년들이 학살된 한 맺힌 장소이기도 하다. 지금으로부터 59년 전인 1948년 11월에 광기 들린 일부 정부 추종세력들이 순진한 젊은 청년과 일부 양민 등 455명을 사상범으로 몰아 색출하였다. 무고한 청년과 양민들은 아무런 법적재판 절차도 거치지 않고, 이곳 터진목에서, 일출봉 아래 위치한 오정개 동산에서, 수산리 향사에서, 신산리 만물동산 등지에서 무자비하게 총탄을 맞아 처형당했다. 이러한 역사가 남긴 상처의 흔적과 아픔은 많은 제주사람의 가슴에 지워지지 않고 생생히 남아있다. 비참하게 생을 마감한 4 · 3 희생자들의 넋이 스며있는 곳이 터진목이다.

4 · 3 사건 당시 처형당한 무고한 청년 중에는 나의 아버지도 있었다. 내가 12살 때인 1948년 12월의 일이었다. 아무런 죄가 없이도 아버지는 군인들에게 무작정 끌려 나갔고, 결국은 성산 일출봉 아래에 위치한 오정개 동산에서 처형당했다. 터진목은 아픈 기억으로 늘 살아있고, 나는 4 · 3 희생자 유가족의 한사람이 되었다.

직장을 옮겨 다니면서 고향인 성산을 자연스럽게 떠나게 되었다. 그 이후로 타 지역에 주로 거처하였기 때문에 한동안 나는 터진목을 찾아 걸어볼 기회를 가지지 못했다. 때마침 성산읍 발전협의회 주관으로 성산읍 출신 4 · 3 희생자 추모위령제를 개최한다며 초청장을 보내 왔다. 위령제가 열린 장소가 바로 터진목이었다. 2006년에 이어 두 번째로 금년 11월 16일에 위령제에 참석하면서 연거푸 터진목을 찾을 수 있었다. 위령제는 유가족 및 각급 기관단체장과 주민들 등 400여 명이 참석한 가운데 엄숙하고도 겸허하게 거행되었다. 나를 비롯한 희생자 유가족들이 분향하는 모습 뒤로는 울분에 탄식하고 억장이 무너지는 통한의 한숨이 여기저기서 들려오는 듯 했다. 지방 명표가 붙여진 아버님 영전에 겸허한 마음으로 분향을 하고, 잔을 올리며 국화꽃 한 송이를 드렸다. 아버지를 비롯한 희생자 모든 영혼들의 명복을 빌었다.

이렇다 해서 지난날의 가슴 아픈 상처와 통한의 세월을 보상받을 수는 없다. 하지만 그 시대의 참혹상을 다시 한 번 뒤돌아보며 과거의 잘잘못을 거울삼아야겠다. 다시는 이 땅 위에 통한의 눈물이 쏟아지지 않도록 유가족과 도민 모두가 한마음이 되어야 한다. 더불어 화해와 상생의 정신으로 제주사람들의 희생이 결코 헛되지 않도록 해야 한다. 이러한 노력들이 모여 제주가 번영과 평화의 섬으로 탈바꿈하는 계기가 됐으면 하는 바람이다.

앞바르 터진목의 바람소리는 억울하게 희생당한 영혼이 거친 숨을 몰아쉬는 것처럼 오늘 유난히 차갑다. 잔모래와 함께 위~잉 위~잉 긴 호흡을 하면서 불어대는 터진목의 바람 소리는 여전하다.

종형(從兄)의 인생실화

삶의 행로(行路)에는 시련의 언덕이 있고, 실패의 골짜기가 있다. 유혹의 함정이 있고, 좌절의 바위가 있다. 이별의 아픔이 있고, 고독한 눈물이 있고, 질병의 고통이 있다. 물론 사람에 따라 다소의 차이는 있겠지만 누구나 한두 번씩은 어려운 역경에 맞닥뜨리고 난관을 극복하면서 살아간다. 그것이 우리 인생이다.

중근 형은 나의 종형(從兄)이다. 종형은 일제강점기 시절인 1921년에 고향 오조리에서 태어났다. 나의 할아버지의 네 명 아들 중 장남인 성숙(나의 백부)의 아들로서, 장손으로서 어릴 때부터 많은 귀여움과 칭찬을 받으면서 자랐다고 한다. 중근 형은 나와는 사촌형제지간이지만 친형제와 다름없다. 같은 집에서 동고동락하면서 오랜 세월을 같이 살았기 때문이기도 하다.

형님! 당신의 인생사를 쓰려고 해서 그런지 몰라도 오늘따라 형님이 무척이나 보고 싶고 그립다. 종형이 처음 맞닥뜨린 비운에 찬 곡절은 형이 일곱 살이던 해에 일어났다. 형의 부친(나의 백부)께서 동네 어부 세 사람과 함께 먼 바다에 고기잡이를 갔다가 돌풍을 만나 실종한 것이었다. 결국 백부의 시신을 찾지 못했다. 그 때 백부의 나이는 스물아홉 살이었다. 일곱 살 철부지가 29세의 젊은 아버지를 여읜 것이다. 이것이 형에게 닥친 첫 번째 슬픔이었다.

아버지를 잃은 아픔도 채 아물기도 전에 형에게는 두 번째 시련이 닥쳤다. 백부가 돌아가신 지 2년째 되는 해였다. 형의 모친(나의 백모)이 유일한 혈육인 종형을 남겨두고, 이웃마을 시흥리 김 씨 집안에 재혼을 하고 떠나버린 것이다. 젊은 나이에 홀어미 과부로서는 도저히 살 수 없다 하여 백모는 한시도 떨어지지 않으려고 발버둥치는 아홉 살 난 어린 아들을 냉혹하게 달랑 남겨두고 가버린 것이었다. 어린 나이에 종형은 부모를 잃고 의지할 곳 없는 고아 신세가 되어버렸다. 종형은 결국 나의 부모(형의 숙부모) 밑에서 같이 살게 됐다.

부모님은 조카인 종형을 나와 아무런 구별 없이 친자식으로 생각하고 정성을 다하여 돌보았다. 대종손 집에서 지내왔던 기일제사도 종형을 대신하여 부모님께서 맡아서 빠짐없이 제사를 지냈다. 같이 살면서 나와는 친형제처럼 지냈고, 큰 탈 없이 어른으로 성장하였다. 1940년 19살이 되는 해에 종형은 이웃마을 시흥리에 있는 군위 오씨 집안 출신의 참한 규수와 결혼을 하게 된다. 결혼 후에도 형은 4년 남짓 우리와 같이 살았다. 결혼 5년째 되는 해에 15년간 맡아하던 모든 살림살이를 대종손인 종형에게 넘기고, 우리 가족은 독자적인 집을 마련하고 따로 생활하기 시작했다. 종손 집의 모든 재산과 살림살이를 인계받은 종형은 종손집의 모든 일을 책임지고 관리하면서 살아가게 된 것이다. 그 후 몇 년 동안은 종형과 우리 집은 평온한 시절을 보냈다.

종형이 겪은 세 번째 시련은 1948년에 있었다. 그 해는 제주 역사에서 가장 처참한 비극이었던 4 · 3사건이 발생하였다. 아버지(형의 숙부)께서 아무런 죄 없이 단지 청년이라는 이유로 성산포에 파견된 악랄한 군부대에 끌려가 갖은 고문과 고초를 겪게 되었다. 결국 법이라는 판단과 절차도 생략된 채 아버지는 무참히 학살당했다. 우리 가족은 몸서린 슬픔에 빠졌다. 친아버지보다 더 믿고 의지하고 많은 가르침과 도움을 주었던 작은 아버지의 죽음은 종형에게도 큰 슬픔이었다. 인생이 이처럼 비참하고 허무한 것인가 하고 통한의 눈물을 흘리면서 세상을 원망하기도 하였다.

4 · 3의 비극은 종형 자신도 몸소 체험하였다. 이듬해인 1949년 당시 20대 후반의 젊은 청년이었던 종형은 좌익세력에 물들었다 하여 동네 청년 5명과 함께 성산포에 파견된 군부대에 끌려간 것이다. 심한 고문과 문초를 받으면서 20여 일 옥고를 치렀다. 나흘 후에 사형집행이 확정되었고, 종형은 죽을 날만 기다리며 감옥생활을 하게 되었다. 이것이 종형이 겪은 네 번째 시련이었다. 금세 하루가 지났고 이제 사형집행은 사흘도 채 남지 않았다. 신의 은총이나 조상들의 덕에 마냥 기대고 싶은 절망감이 들었다. 그때였다. 먼저 돌아가신 나의 아버지(종형의 숙부)께서 종형의 꿈에 나타나서 “너만은 반드시 살아야 하고 살 수 있을 것이다”라는 말을 남기고 사라졌다. 그 꿈은 상서로운 예고였다. 그 이튿날 성산포에 이미 파견돼있던 군부대는 갑작스레 다른 곳으로 이동하게 되었고, 새로운 군부대가 주둔하러 온 것이다. 군부대의 새 지휘관은 인간적인 면이 있었고 모든 일을

신중히 처리하는 사람이었다. 그는 갇혀있던 모든 사상범들에 대하여 죄과를 재조사하도록 하였다. 재심의 끝에 종형을 포함한 모든 이들이 아무런 죄가 없음을 상부에 진언하여 석방되기에 이른 것이다. 그야말로 구사일생이었다.

종형은 1950년 한국전쟁이 발발하자 군에 입대하였고, 많은 전투에 참여하여 죽을 고비를 수차 넘기기도 하였다. 무사히 4년 만에 명예롭게 제대하였고, 다시 고향집으로 돌아와 가장으로서, 종손으로서 생활을 이어가게 되었다. 당시 종형은 슬하에 5남 4녀의 많은 식구를 두고 있었다. 종손으로서 기일 제사를 지내고 가장으로서 대식구들을 거느리고 살아가는데 곤란과 어려움이 있기도 했지만, 그런대로 별 탈 없이 평온하게 살아갔다. 그러던 중 종형에게 다섯 번째 시련이 다가왔다. 형수(종형의 아내)가 불치의 병에 걸리어 몇 개월 동안 시달리다 결국 사별하게 된 것이었다. 이때가 종형의 나이 마흔여섯. 졸지에 종형은 홀아비 신세가 됐다. 인생이 이토록 가혹한 것인가 하며 종형은 더한층 세상을 원망하게 되었고, 삶에 대한 의지가 약해지기 시작한 게 이때부터인 듯하다. 종형은 부인의 삼년상을 다 치르긴 했지만 어린 자식들과 종손 집 제사를 홀아비로 감당하기는 힘들었다. 그래서 두 번째 부인을 맞이한다. 운명의 여신은 종형을 비켜가지 못했다. 두 번째 형수도 시집온 지 2년 만에 사별한다. 쉰 살이 되기 전에 두 번씩이나 홀아비가 되어 버린 것이다. 여섯 번째 시련이었다.

아직 지천명(知天命)의 나이에도 못 미친 삶인데 모질었다. 견디기 힘든 일들을 수차례 겪어 온 종형에게 눈물은 말라버린 지 오래다.

종형은 세상을 살아갈 동력과 의지를 상실하다시피 되었다. 차라리 죽으면 더 나을까 하는 충동을 갖기도 하였다. 하지만 당신이 죽으면 저 어린 자식들은 누가 보살피고 밥 한 끼 먹여줄까 하는 생각이 뇌리에 사무치도록 떠올랐다. 종형 자신도 어렸을 적 부모 없이 살아온 아픔이 되살아났고, 저 어린 것들을 위해서는 당신이 목숨을 쉽게 버려서는 안 되겠다는 생각이 번쩍 든 것이다. 생명이 붙어있는 날까지는 살아야 하겠다는 굳은 마음을 갖게 된 것이다. 이런 일을 치른 후, 몇 년 동안 종형과 가정은 차츰 안정을 되찾아 가는 듯했다. 이 시기에 세 번째 부인을 맞이하였고, 평온한 생활을 영위하고 있었다. 이제는 종형 앞에 닥치는 시련은 더 이상 없으리라 생각했다.

하지만 일곱 번째 시련이 다시 드리워졌다. 형의 장남이 돌연 교통사고로 세상을 떠난 것이었다. 서든 여덟 살의 젊은 나이었다. 자식을 잃은 아픔도 그렇고, 부모를 남겨두고 먼저 떠나버린 종손을 잃은 슬픔에 종형은 삶을 포기하다시피 되고, 절망하게 되었다. 더 이상 세상을 지탱하고 살아갈 희망이 없고 하루속히 죽고 싶은 마음뿐이었다고 한다. 친족들과 동네사람들은 '산 사람은 살아야 한다'며 위로와 격려를 해주었고, 고난과 역경에 굴복하지 않은 용기를 가져야 한다는 진리에 종형은 기력을 다시 회복하기 시작하였다.

다른 이들도 모두 드라마 같은 인생을 살았다고 하지만 종형의 그것과는 사뭇 다를 것이다. 대하소설의 주인공처럼 종형은 그야말로 파란만장한 삶을 살았다. 종형은 종친회의 문장으로서 가장으로서 아버지로서의 역할을 성실히 수행하면서 살다가 1996년, 76세를 일기로 세상을 떠났다. 인내심이 강하고 남다른 극기력을 보여주었던 종형은 내가 존경하고, 나에게 늘 귀감이었다. 이런 종형의 이야기를 내가 살아있을 때 간략하게나마 기록하고 남겨 아랫대에 전하고 싶은 마음이다. 형님! 그 이름 한껏 부르고 싶다. 형님의 웃는 얼굴이 보고 싶고, 같이 지내던 그 시절이 그리움 되어 사무친다. 오늘 다시 형님의 영혼에 두 손 모아 명복을 빈다.

세월 따라 나도 가네

오은순

바람 따라 구름도 가고
세월 따라 나도 가네
거울에 비친 얼굴
구겨진 종이 같고
까만 머리엔 하얀 눈이
소복이 쌓여가네

역행하는 자연 순리

73성상을 살아오면서 나는 자연은 늘 제 위치에 있으면서 질서를 지키고 순리를 역행하지 않는다고 그렇게 믿어왔다. 우리는 자연에서 태어나 지상에 잠깐 머물다 가는 나그네다. 대자연의 바탕 위에서 한순간을 살다가 때가 되면 다시 자연으로 되돌아가는 것이 모든 생명체의 운명이요, 순리다. 자연은 삶의 터전이요, 보금자리요, 안식처다. 자연의 혜택과 보호를 받으면서 모두가 살아가고 있다. 자연은 위대한 힘을 지니고 있다.

사계절을 보자. 봄, 여름, 가을, 겨울이 있다. 계절에 따라 주어진 모든 역할을 차질 없이 성실히 수행하면서 역할이 끝나면 다음 계절에 넘긴다. 대자연의 순리요, 엄연한 진리인 것이다. 이러한 자연이 질서와 순리를 어기고 역행하는 기이한 현상을 목격하게 되었다. 2007년 10월 11일에 아내와 함께 고향에 가서 볼 일을 끝내고 한라산 5 · 16 도로를 통하여 돌아오던 중이었다. 5 · 16도로 주변에 늘어서 있는 벚나무 한 주가 느닷없이 활짝 피어있었다. 해마다 3월에 만개하는 벚꽃이 한가을에 만발한 희한한 광경을 보고 의아스러워서 차를 세웠다. 유심히 살펴보니 벚꽃이 분명하였다. 세상에 이럴 수가 있을까 하고 내 눈을 의심하며 두 번, 세 번 자세히 관찰하였다. 분명 벚나무요, 벚꽃임에 틀림이 없었다. 2007년 10월 19일자 제주일보에는 제주대학교 정원에 철쭉꽃이 만발하게 피어있는 사진이 실려 있었다. 봄에 피는 꽃이 가을에 피어 오른 것이다. 이튿날 제주대학교에 가서 철쭉꽃이 만발한 교정을 확인하였다.

믿기도 어려웠는데 더욱 의구심이 들었다. 무엇보다도 질서정연하고 거짓 없고 정직하게 순리를 잘 지키는 자연이 순리를 역행할 수 있을까 하고 몇 번이고 자문을 해봐도 정답은 알 수 없었다. 돌연변이 현상이 아닐까? 아니면 정신이상자처럼 무분별한 돌출행위로 나타난 게 아닌가도 생각해 봤다. 그것도 아니면 지구 온난화와 지각변동으로 기후의 변화에 따라 제 순리를 잃고 역행하는 것이 아닌가 하고 생각도 해보았다. 내 식견이나 상식으로는 도저히 바른 답을 찾을 수가 없었다.

봄철에만 피는 벚꽃과 철쭉꽃이 늦은 가을에 피어있다는 사실은 대자연에서 보이는 일부 현상이긴 하지만 자연이 순리를 역행한 것은 분명한 사실이다. 정직하게 주어진 역할과 순리를 지키는 자연을 생각해 왔는데 알고 있는 모든 사실이 헛되지 않았나 하는 의구심을 떨쳐버릴 수가 없어 안타까운 심정이다. 자연도 순리를 역행하는가? 자연도 순리를 역행하는가? 하고 큰 소리로 외쳐 봐도 자연은 답을 주지 않고 있다.

3장 감사하는 마음

사진 : 한라산 겨울 _ 강형구

늙은 靑청 春춘

언제나 오늘을

역사라는 과거가 있어 현재가 있고, 오늘이 있어 미래를 내다보며 내일이란 희망을 갖고 산다. 그게 우리 인생이다. 산다는 것은 이 세상에 태어나면서부터 운명의 무거운 십자가를 지고 뚜벅뚜벅 걸어가며 우리의 삶을 건전하고 아름답게 조각해가는 것이다.

우리는 늘 오늘을 살고 있다. 오늘은 영원 속의 오늘이요, 현재는 늘 소중한 시간이다. 지금의 찰나, 1초가 모여 1분이고 되고, 분이 모여 1시간이 된다. 이런 과정이 24번 되풀이되어 24시간이 모이면 하루가 된다. 오늘이 삼십 번 모이면 한 달이 되고, 오늘이 365번 반복되면 한 해가 되는 것이다. 사람의 일생을 평균 90년으로 본다면 오늘이란 시간 단위가 32,850번 연속해서 되풀이돼야 한다.

사람들은 늘 오늘이란 하루의 시간을 보내면서 닥친 일들을 처리하며 삶을 엮어가고 있는 것이다. 우리는 오늘을 사랑하고 보람 있게 열심히 살아가야 한다. 지금 우리가 호흡하고 있는 시간이 바로 오늘이요, 지탱하며 활용할 수 있는 날이 오늘이다. 우리는 하루를 더욱 소중히 여기고 정성을 다하여 심혈을 기울이면서 보람 있는 오늘로 채워야 한다.

오늘을 한자어로 표현하면 현재(現在)다. 문자 그대로 지금 현(現) 또는 나타날 현(現)자로서 지금을 말하고 있으며, 재(在)자는 있을 재(在)자로서 내 앞에 있음을 뜻한다. 현재는 과거의 아들이요, 미래의 어머니가 되기도 한다. 문호 셰익스피어는 말했다. "어제 나의 행동이 오늘의 내 존재를 결정한다. 어제 나의 생각이 거짓과 태만과 무책임으로 일관했다면 오늘 나는 반드시 심신이 괴롭고 힘들 것이다. 또한 어제의 나의 행동이 성실과 근면으로 충만했다면 오늘 나는 반드시 기쁘고 행복할 것이다." 오늘은 하늘에서 떨어지는 것도 아니요, 땅에서 우연히 솟아나오는 것도 아니다. 어제 행동과 생활이 나의 오늘을 결정하는 것이다.

시간의 관점에서 보더라도 오늘은 소중하다. 과거의 시간은 기억 속에만 존재할 뿐이요, 미래는 아직 오지 않은 우리들의 기대와 희망에 덤으로 존재하는 시간이다. 옛 성인은 석시여금(惜時如金)이라 하여 시간을 금과 같이 아끼라고 말하고 있다. 돈을 낭비하는 것보다 시간을 낭비하는 것이 더욱 나쁘며 망국병이라고 이율곡 선생은 갈파한 바 있다. 지금을 살아가며 황금을 얻을 수는 있지만 황금으로는 시간을 살 수 없다는 진리를 잘 알고 있다. 가장 중요한 시간은 바로 오늘이다.

미국의 시인 에머슨은 '그날그날이 일 년 중 최선의 날'이라고 말했다. 뜻 깊고 진지한 말이다. 근래에 일부 사람들은 그날그날인 하루하루를 알차고 신중하게 보내지 않고 '오늘 하루도 또 가는구나'

하며 그러구러 살아가는 것 같아 안타깝다. 오늘의 소중함에 대해 조금씩 더 곱씹어 보며, 이런 기회를 많이 갖도록 했으면 하는 바람 간절하다. 중국의 운문선사는 '일일시호일(日日是好日)' 이라 했다. 매일 매일이 가장 기쁘고 좋은 날이 되라는 뜻이다. 오늘이란 낱말이 주는 소중함을 재인식하는 계기가 필요하다. 오늘이란 시간에 계획한 일은 특별한 사정이 없는 한 그 날에 매듭짓고 마무리해야 한다. 내일이 오늘에 도달하면 할 일은 더 쌓이게 되고, 결국 태산처럼 불어난 일은 감당하기 힘들게 된다. 순식간이다. 오늘 계획했던 일들을 잘 마무리하였을 때의 기쁜 마음은 그 무엇에 비유할 수 없을 만큼 통쾌하다. 오늘이란 날의 중요성을 다시 한 번 생각하는 지혜를 가져보자.

마음은 태양처럼

태양은 천문 태양계를 중심이 되는 별로 지구에서 가장 가까운 항성의 하나이다. 우주를 훤하게 밝혀주는 빛과 따뜻한 열로 만물 생명이 출생 또는 소생(疏生)에서부터 잘 자랄 수 있도록 해주며, 건강하게 성장하여 알찬 결실을 맺게 해주는 원동력이다. 사랑처럼 우리 인간을 밝게 만들고 따뜻하게 만들고 아름답게 만들고 희망차게 만들고 행복하게 만드는 정열적인 활력소를 준다. 신(神)의 창조물 중에 가장 위대하고 놀라운 것은 태양이다.

태양은 지구에서 1억 4945만km나 떨어져 있고 견줄 데 없이 엄청나게 큰 밝기의 빛과 뜨거운 열을 내뿜는 물체이다. 태양의 표면의 온도는 섭씨 6천도이며, 크기는 지구의 1백30만 배이다. 영원히 빛나고 영원히 타는 불덩어리로 29일을 주기로 자전한다.

태양은 빛의 화신(火神)이요, 열의 상징이요, 힘의 대표이다. 태양계의 주인으로서 지구를 비롯한 수만 개의 위성을 거느린 별의 왕자요, 하늘의 군주요, 천체의 최고봉이다. 달도 밝은 햇빛을 받지 못하면 제 구실을 할 수가 없다. 태양은 모든 만물을 빛나게 하고 그 밝고 따뜻한 빛으로 모든 생명체에 골고루 혜택을 준다. 해가 뜨면 먼지도 빛난다는 시인 괴테의 명언이 있듯이 태양이 빛이면 더러운 먼지도 밝은 빛을 내게 된다. 태양이 밝은 빛을 잃고, 열기를 상실한다면 지구상의 모든 생명체는 사멸하고 말 것이다. 태양계는 사라져버릴 것이다.

태양은 세 가지 덕(德)을 갖고 있다.

첫째는 밝은 빛, 광명(光明)이다. 해가 뜨면 온천지가 밝은 세상으로 변한다. 마음이 밝아지고, 사람의 얼굴이 해맑아지고, 사회 또한 밝게 변한다. 태양처럼 밝고 투명한 세상이 모두의 이상향이다. 가깝게는 자신과 가족, 이웃에서부터 밝은 세상의 토대를 만들어 가야한다. 우리의 마음과 표정이 밝아지면, 생활은 자연스레 밝아질 터이고, 가정도 화목해진다. 덤으로 이웃도, 더 나아가 우리 공동체도 더욱 밝아질 것이다. 궁극적으로는 우리 사회도 밝고, 나라도 밝고 선명하고 투명해지는 것이다.

둘째 덕목은 뜨거운 정열이다. 태양이 주는 뜨거운 열기는 농부들이 땀 흘리며 심어놓은 농작물과 곡식이 여물어 결실을 맺게 해준다. 인생이란 마라톤을 달리면서 최후의 성패를 좌우하는 것은 사람이 가진 지능지수가 아니라 열정을 가진 인내의 힘이다. 두뇌가 얼마나 우수하냐가 문제가 아니라 얼마나 태양과 같은 정열을 가지고 있느냐가 삶의 성패를 가늠하는 잣대이다. 일에 얼마나 정열과 열정을 쏟아 붓고 헌신하며 노력하느냐에 따라 성공과 실패, 승리와 좌절이 결정된다. 우리는 모든 일에 열정을 쏟아 붓고 정성을 다해야 한다. 직업, 사업, 장사, 예술, 학문, 농사에 이르기까지 사람들이 갖는 정열은 삶의 강장제요, 생활의 힘찬 활력소다. 한여름 태양처럼 심장도 뜨겁게 마음도 뜨겁게 인생을 살아야 한다. 정열의 불길이 활활 탈 때면 삶은 신이 나고, 희망이 늘 자리한다. 살아있는 생명체는 열(熱)이고 죽어있는 생명체는 냉(冷)이다. 따뜻한 온기처럼 좋은 것이 없고 뜨거운 열기처럼 귀한 것이 없다.

태양이 지니는 셋째 덕목은 강력한 에너지이다. 태양은 50억 년 전에 생성되어 오늘날까지 쉬지 않고 불철주야 에너지를 발산하고 있는 항성이요, 힘찬 천체이다. 세상 모든 생명의 상징이요, 삶의 원천이다. 태양처럼 늘 힘찬 발걸음으로 세상을 디디며 하루 생활을 역동감 넘치게 엮어나가는 강한 생명력을 지닌 사람이 되어야 한다. 살아가며 중요한 것은 정신적인 용기이다. 정신적, 도덕적으로 강인한 용기를 갖는 자만이 참을 수 있는 극기력과 자제하는 인내력을 발휘할 수가 있다.

태양처럼 저마다 마음속에 밝은 희망과 태양의 이상향을 가지고 뜨겁고, 힘차고, 희망찬 열정을 가진 인생을 꾸며보자.

감사하는 마음

우리는 누구나 기쁜 일, 슬픈 일, 괴로운 일, 어려운 일을 몸소 체험한다. 하루하루마다 이런 일들을 겪고 살아 나아가고 있는 것이 우리네 인생이며 운명이다. 인생을 혼자서 살아가기란 힘에 부칠 때가 많으며, 필연코 많은 사람들과 교류하면서, 더불어 상부상조의 미덕을 체험하면서 살아가는 게 순리다.

때로는 혼자서 헤어나기 힘든 어려움에 처했을 때 도움이 절실해지며, 누군가에게 도움과 혜택을 받고 역경을 무난히 극복하기도 한다. 이러한 도움의 끝에는 말 한마디로 고마운 코인사가 전부일 때가 흔하고, 진정한 마음에서 우러나온 고마움과 감사를 표하는 사람은 그리 많지 않은 것 같다. 세상인심이 박해지고 있는 느낌이 들어 괜히 슬퍼지기까지 한다. 우리는 살아가며 한 두 번씩은 사람들로부터 도움을 받고 혜택도 받았을 것이다. 도움을 주고 혜택을 준 사람들에 대하여 고마움이란 빚을 항상 지고 있어야 한다.

우선 생명체와 만물의 영장이라고 하는 지능과 지혜를 인간에게 선물해 준 천지 만물의 창시자 조물주에게 감사한 마음을 지녀야 한다. 둘째로 나라고 하는 존재를 태생시켜 이 세상에 밝은 빛을 보게 해주고 건강하고 훌륭하게 성장시켜준 하늘보다 높고 바다보다 깊은 부모와 조상의 은혜에 고마워하는 마음을 지녀야 한다. 살아가면서 보답하고 생명이 붙어있는 날까지 실천과 행동으로 감사를 보여드려야 한다. 셋째로 많은 지식과 학문을 전달하고 훌륭한 일꾼이 되어 지역사회와 나라 발전에 기여할 수 있도록 가르침을 주신 선생님에 대하여도 늘 감사해야 한다. 넷째로 우리가 사는 동안 슬픈 일, 괴로운 일, 어려운 일이 닥쳤을 때 물심양면으로 도움을 주신 형제자매 일가친족, 친구, 이웃들에게도 항상 고맙고 감사한 마음을 지녀야 한다. 이외에도 고맙고 감사하게 생각해야 될 대상은 수없이 많다.

언제나 감사하는 마음으로 감사할 줄 아는 사람으로 우리는 살아가야 한다. 이것이 행복의 문을 여는 열쇠이다. 감사하는 마음은 포근한 어머니의 마음이요, 만인을 포용할 수 있는 지름길이다. 감사함이 없으면 마음이 편치 않고 안정된 삶을 누릴 수 없다. 결코 행복해질 수가 없다. 사도 바울은 범사에 감사하라고 했고, "감사의 나무에 기쁨의 꽃이 피고, 그 기쁨의 꽃에 행복의 열매가 열린다"고 갈파한 바 있다.

우리는 우선 도덕과 양심을 배우고 실천해야 한다. 지식과 학문을 체득하는 일보다 더 중요하다. 요즈음 감사하는 마음을 전달하는 미담은 보이지 않고, 야박한 속내만 자주 마주친다. 우리 사회에 정서와 인정이 메말라가고 있다는 반증이다. 지금 우리 사회는 자유가 너무 남발되어 방종으로 치닫고 있다. 통제 불능의 사회로 전환되고 있는 것이다. 개인주의와 권위의식과 생존경쟁이 날로 심해지는 현실에서 부도덕은 창궐하게 마련이다.

은혜를 알고 은혜에 보답하는 것이 인간다운 도리요, 자세다. 배은망덕은 은혜를 저버리는 행위요, 사람의 구실을 포기하는 것이다. 이 땅에 존재하고 있을 동안 우리에게 혜택을 주고 도움을 주고 가르침을 준 모든 은혜에 대하여 늘 고마운 마음을 지니고 감사하며 살아가야 한다. 이게 바른길이요, 사람의 도리다. 모두가 마음의 술잔에 감사의 술을 가득 채우고 높이 들어 "부라보!"를 큰소리로 외쳐보자.

산을 바라보며

오은순

저 산 위에
소복이
쌓인 눈
내 가슴에 쌓아놓고
내 가슴에 쌓인 한
산 위에 쌓였으면

만물이 다 스승

세상에 존재하고 있는 온갖 물건과 물류(物類)를 통틀어 만물이라 일컫는다. 그중에서 인간은 만물의 영장(萬物 靈長)이라고 불린다. 왜 인간을 만물의 영장이라 하는가? 인간은 물(物) 중에서도 살아있는 물(物)이기 때문에 생물(生物)이라 하고, 또한 생물 중에서도 움직이는 존재이기 때문에 동물(動物)이라 한다. 동물(動物) 중에서도 영지영력(靈知靈力)이라 해서 지능지수가 높고 지혜로운 힘을 가지고 있어 만물의 영장(萬物의 靈長)이라고 한다. 영장(靈長)이란 영묘한 힘을 가진 우두머리를 말한다.

만물유덕(萬物有德)이라 하여 천지만물(天地萬物)은 제 갈 길이 있고, 만물개성(萬物個性)이라 해서 만 가지 물건이 개별적인 독자성과 독창성을 갖고 있다고 하였다. 또한 만물교아(萬物教我)라 해서 만물이 다 나를 가르치는 스승이라고 한다. 마음속 깊이 새겨두어야 할 진리다. 만물에서 배움의 기회를 가져야 한다.

우선 땅을 들여다보자. 지구는 도시, 농촌, 산과 들판, 물속 할 것

없이 땅으로 덮여 있고 생물체는 그 땅을 딛고 있다. 땅은 생물체의 삶의 터전이요, 안식처요, 보금자리이다. 사람들의 배를 채워주는 오곡백화를 만들어 내는 성장의 기반이요, 제조공장이기도 하다. 땅은 썩지 않고 정직하며 인간의 노력에 대해 100퍼센트 대가를 되돌려주는 힘을 간직하고 있다. 생명을 잃은 사람들의 주검을 말없이 받아들이는 아량을 지닌 지신(地神)의 존재감이 있는 곳이다. 땅은 많은 가르침을 준다.

산과 들은 어떤가. 산과 들판에 우거진 나무는 탄소동화 작용을 하며 사람에게 맑고 신선한 산소를 공급해준다. 하늘을 향하여 우뚝 솟고 만고불변의 부동자세로 서 있는 산은 장엄하고 태연하다. 스트레스로 심난한 마음과 피곤한 몸에 활력을 불어 넣어주고 어루만져 주는 어머니의 마음 같은 게 산이다. 사색과 명상의 장소요, 영감이 샘솟는 산실이다. 산이 내뿜는 정기는 심신을 강화시켜주고 있고 영혼을 맑게 해준다. 산은 위대한 힘을 간직하고 있는 드높은 곳이다. 산이 빚어내는 가치를 되새겨봐야 한다.

물은 사람에게 소중한 생명수다. 물 없이 인간은 살 수 없다. 물은 생명체를 성장케 해주며 더러운 것을 깨끗이 씻어준다. 물은 위로 올라가려고 하지 않고 언제나 낮은 곳으로 흘러가는 겸손의 덕을 갖는다. 때로는 땅 속으로 스며들며 식물과 농작물의 성장을 돕는 수분이 된다. 가뭄에 단비처럼 고마운 것이 없다. 갈증에 시원한 물을 마시면 몸이 상쾌해지며 날 것 같은 기분이 든다. 물은 서로 다투지 않으며 모든 물을 너그럽게 받아들인다. 칼로 벤다 해도 갈라놓을 수도 없다. 약하고 유연한 것처럼 보이면서도 때로는 천하에서 가장 강한 힘을 보여주기도 한다. 거센 파고가 그렇고 대홍수가 그렇다. 불도 물을 당할 수가 없다. 견고한 돌과 쇠 덩어리도 결국에는 물의 힘으로 야위거나 부스러지거나 녹슨다. 물 또한 소중한 가르침을 준다.

사계절을 보자. 봄은 새싹을 틔우며 꽃을 영글게 한다. 여름은 강렬한 빛으로 초록의 절정을 이루며 가을은 열매가 알맞게 영글게 한다. 겨울은 한 해를 훌훌 털고 다시 봄을 준비하는 시기이다. 사계절은 제 위치에서 각기 부여된 역할을 빈틈없이 하고 있다.

새를 생각한다. 산 속의 새들은 아름다운 목소리로 우리를 즐겁게 한다. 새 중에서도 큰 부류에 속하는 기러기는 구만리 창천 하늘을 일사분란하게 날면서 질서의 미덕을 남긴다. 한 번 짝을 정하면 죽을 때까지 영원히 변하지 않은 신애의 덕도 가르친다. 쉬지 않고 목적지까지 꾸준히 날아가는 정진의 덕과 인내 또한 보여주고 있다.

만물이 우리에게 가르침을 주는 사례는 수없이 많으리라 생각한다. 만물이 주는 교훈과 철학을 마음 속 깊이 늘 간직하고 배우는 겸허한 자세로 세상을 지혜롭게 살아보자. 이게 값진 삶이다.

값싼 물질, 값진 희생

살아가면서 가장 힘들고 어려운 일은 하나밖에 없고 한번뿐인 목숨을 바치는 일이다. 노력해서 얻은 지식과 기술 또는 벌어들인 돈을 조국과 지역사회를 위하여 바치고 기여하는 일은 그리 어렵지 않다. 하지만 한 번의 생애에 하나 밖에 없는 귀중한 생명을 바치는 일은 무엇보다도 어렵고 힘든 일이며 그리 흔치도 않다. 목숨을 바친다 함은 몸과 마음을 송두리째 바치는 일이요. 인생 종말을 고하는 마지막 길이기 때문이다. 이를 희생이라 한다.

국어사전에서는 어떠한 목적을 이루기 위하여 자신을 돌보지 않고 몸을 바치는 것을 희생이라 정의하고 있다. 역사를 보면 잃어버린 조국을 되찾기 위해 하나밖에 없는 생명을 헌신짝처럼 내던진 사람들이 있다. 이준열사, 안중근 의사, 윤봉길 의사, 유관순 여사를 비롯한 많은 의인들이 그들이다. 조국과 민족을 위하여 목숨을 버린 거룩하고 장엄한 살신성인의 희생적 정신을 어느 누가 탄복하고 감동하지 않으리오. 나는 그 고귀하고 거룩한 정신을 기리며 명상에 잠겨보곤 한다. 구국의 일념으로 소중한 생명을 내던진 선열들의 고귀한 정신을 늘 기억하며 본받아야 한다.

생명체는 아니지만 일상생활에서도 희생을 감수하며 목적을 이루어내는 것들을 찾을 수 있다. 소금과 비누이다. 이들은 자신을 희생하며 사람의 의식주생활을 하는 데 부패를 방지하고 온몸을 항상 깨끗하게 해주며 건강을 유지시켜주는 물질이다.

소금은 염화나트륨이 주성분이다. 흰빛이고 짠맛을 지닌 화학적인 결정물질로서 일상에서 긴요하게 사용되고 있다. 생물체를 썩지 않게 하는 부패 방지의 역할을 하고 있으며, 우리가 즐겨 먹는 여러 음식의 맛과 간을 조절하는 대표적인 조미료 역할을 하고 있다. 세상의 모든 생명체는 호흡이 멈추고 나면 언젠가는 다 썩는다. 인간의 육체도 썩고 동식물도 썩게 마련이다. 그러나 소금은 썩지 않는다. 소금은 썩지 않는 물질이다. 그래서 예수는 이 땅의 소금이 되는 삶을 역설하였다. 소금은 육류, 어류, 해조류, 야채의 간을 조절하며 음식이 부패하지 않도록 일정기간 저항해 준다. 특히 육류와 생선은 간이 제대로 돼야 맛이 난다. 한 여름 생선을 햇빛에 말리는데 소금을 치면 썩지 않고 건조하게 말릴 수 있다. 소금을 뿌리지 않으면 쉬파리가 끓고 악취가 풍기면서 썩는다. 구더기가 생기면서 맛보지도 못하고 결국은 버린다. 소금은 스스로 썩지 않으면서 모든 생명체의 부패를 방지하고 막아낸다. 이것이 소금의 본질이요, 역할이요, 기능이다. 자신을 송두리 채 희생 시키면서 얻는 이익도 챙길 여유 없이 남을 위하여 산다. 사람의 건강과 아름다움은 소금의 희생에서 나온다. 소금의 미학을 되새기며 건강하고 아름다운 세상을 꿈꾸어본다.

아침저녁으로 늘 마주치면서도 존재가치를 쉽게 느끼지 못하는 게 비누다. 비누는 때를 씻어주는 물질이다. 사람이 건강하고 청결할 수 있도록 자신을 희생시키면서 헌신적인 기여를 하고 있는 물질이다. 사람의 신체 모든 부분에 묻어있는 때, 흙먼지, 비듬, 기름기, 기타 불순 노폐물 등을 자신의 몸을 던져 조금씩 희생시키면서 녹이고 거품을 내면서 깨끗이 씻어주고 없애준다. 사람의 몸을 청결하고 아름답게 해줌으로서 상쾌함은 물론 건강을 유지 시켜주고 일상생활에 활력소를 되찾도록 해주고 있는 것이다. 더불어 우리가 입고 더러워진 옷을 깨끗하게 빨아주고 얼룩 때를 말끔히 없애주어 깨끗하고 상큼하게 외출할 수 있다. 미국의 사업가 존 워너 메이커는 말했다. "비누는 쓸수록 물에 녹아 없어지는 하찮은 물건이지만 때를 씻어준다. 물에 녹지 않은 비누는 결코 좋은 비누가 아니다. 사회를 위하여 자신을 희생시키려는 마음은 없고 몸만 사리는 사람은 녹지 않은 나쁜 비누와 같다." 비누가 딱딱하고 물에 잘 녹지 않아서 거품이 잘 일지 않으면 좋은 비누가 될 수 없으며 제 역할을 할 수가 없다. 알맞게 견고하면서도 부드러우며 물에 잘 용해되고 거품이 잘 나와야 비누 구실을 한다. 비누가 담고 있는 희생정신처럼 사람의 마음과 생각도 늘 깨끗하고 더러운 때를 씻고 맑고 청결한 상태를 유지해야 한다.

우리가 살고 있는 공동체와 사회는 많은 부패와 더러운 행태가 늘 도사리고 있다. 권력의 부패, 돈의 부패, 자유의 부패 등이 그것이다. 관리하고 행하는 사람의 의도와 사고방식에 따라 달라질 수가 있기도 하지만, 가장 부패하기 쉽고 썩기 쉬운 속성을 지닌 것들이다. 자리에 앉으면 오만해지기 쉽고 남용하기 쉽고 독재하기 쉬운 것이 권력이다. 과시하기 쉽고 매수하기 쉽고 남용하기 쉽고 과욕을 부리기 쉬운 게 돈이다. 돈만 가지면 무엇이든지 얻을 수 있고 살 수 있다는 과시횡포의 수단으로 사회악을 조성하고 있다. 방종하기 쉽고 남용하기 쉽고 악용하기 쉬운 것이 자유다. 자유가 남용 혹은 오용되면 무질서, 무법천지, 무정부의 상태를 만들기도 한다. 권력과 돈, 자유의 남용과 횡포를 막아내고 부패를 방지하는 데 앞장서야 될 것이다. 소금과 비누의 희생정신을 가진 사람이 많으면 많을수록 밝고 올바른 사회와 나라의 번영을 추구할 수 있을 것이다. 소금과 비누의 기질을 가진 찾기 힘든 사회는 부패가 심해 악취가 나고 악이 창궐하는 혼탁한 곳으로 전락하고 만다. 묵묵히 자기의 몸을 희생시킴으로 값진 성과를 얻어내는 소금과 비누가 되자. 깨끗하고 아름답고 건전한 가정과 사회를 위해 백혈구 역할을 하는 주역이 필요한 시대이다.

보람의 힘

사람은 세 가지 액체를 몸속에 지니고 있다. 피와 눈물과 땀이다. 세 액체는 몸을 지탱하는 데 중요한 역할을 하고 있으며, 한편으로는 성공과 번영의 열쇠다. 자고로 역사를 살펴보면 성공한 사람, 위대한 사람, 훌륭한 사람이 이룩한 위업은 피와 눈물과 땀을 흘린 보람이 낳아준 성과요, 산물이다. 피는 용기와 정의를 상징한다. 눈물은 정성과 사랑을 뜻한다. 땀은 부지런함을 담는다.

피는 3대 액체 가운데서도 가장 투명하면서도 강인함을 나타낸다. 혈중여수(血重旅水)라 했다. 피는 물보다 진하다는 말이다. 눈물과 땀보다 진한 피의 뜨거운 정열을 드러낸다. 동맥에서 솟구치는 붉은 피는 문자 그대로 혈열(血熱)이다. 위대한 일은 피로서 성취되고 피로서 이루어진다고 해도 과언은 아닐 성싶다. 혁명과 독립은 피의 열정과 투쟁으로 이루어진다.

피는 적혈구와 백혈구, 두 가지로 나뉜다. 적혈구는 붉은 피로 맑은 산소와 여러 가지 영양분을 온몸에 골고루 공급해주는 역할을 한다. 백혈구는 몸에 위협을 가하는 병균 또는 독균이 침입하는 것을 가로막거나 물리치는 역할을 한다. 몸이 건강하게 지탱되고 있는 것은 적혈구의 신선한 영양 공급과 백혈구의 방어의 힘이다. 백혈구와 적혈구가 제 역할을 해내지 못할 때는 몸이 지탱하기 어려울뿐더러 결국 죽음에 이른다. 피가 모자라 사경을 헤매는 환자에게 알맞은 피를 수혈해주면 생기와 기력을 되찾는다.

피는 이처럼 뜨거우면서 강하고 생명을 되살리는 힘찬 용기를 갖고 있다. 철학자 헤겔은 말했다. "피로서 일을 하라, 그는 반드시 성공할 것이다. 피로서 사업 일에 매진하라, 대업을 이룰 것이다. 정열 없이 대업을 이루어진 일은 없다." 그만큼 모든 일에 피를 토하는 심정으로 용기와 정열을 쏟아 부을 때 결실을 맺고 보람을 느낄 수 있다.

눈물은 정성과 사랑의 상징이라 말한 바 있다. 화학적으로 분석하면 눈물은 약간의 염분과 많은 수분의 혼합체다. 하지만 눈물은 과학적으로 분석할 수 없는 무한한 감정을 내포하고 있다. 눈물을 흘려야 할 때 흘리지 않으면 인정이 메마르고 냉혈동물과 같은 사람으로 인식되기 쉽다. 남북 이산가족이 50여 년 만에 상봉하며 흘리는 눈물은 기쁨이다. 교도소에 수년간 수감되어 있는 죄인들이 흘리는 눈물은 속죄이며 반성이고 양심의 부활이다. 가족의 임종을 지켜보며 흐르는 눈물은 안타까움과 애도이다.

주변에서 기쁜 일과 슬픈 일 고통스러운 일은 살아가면서 늘 닥치게 마련이다. 부모처자식이 돌아갔을 때, 전쟁에서 승리하거나 패배했을 때, 연인이 서로 이별할 때, 사법고시에 합격했을 때, 목적한 바를 성취했을 때가 희로애락의 예이다. 이러한 때에 흘리는 눈물은 무언의 기쁨과 슬픔과 성취감이 스며들어 있고, 마음이 겉으로 드러난 정성이요 사랑이다. 눈물은 가장 순수하고 아름다운 마음의 표상이다. 눈물에 사람은 정화되고 감동한다. 눈물은 기쁨과 슬픔과 즐거움을 말없이 연출해내는 강하고 심오한 내면의 표현이다.

땀은 부지런함을 상징한다. 살아가면서 성공한 일의 대부분은 땀으로 얻은 결과다. 매사에 땀을 흘리지 않고는 일을 성취할 수 없다는 진리를 안다. 땀 흘리며 일하는 사람이 많아야 번영할 수 있고 행복할 수 있고 발전할 수 있다. 땀을 사랑하고 소중히 여겨야 한다. "천재는 99%의 땀과 1%의 영감으로 이루어진다." 발명왕 에디슨의 고백이다. 천재는 곧 땀의 결정체라는 말이다. 사람은 노력하고 심은 만큼 거두어드린다. 불교에서 말하는 인과업보(因果業報)는 인생을 어떻게 살아야 하는가를 가르치는 하나의 이치다. 일미칠근(一味七斤)은 무더운 여름철 농부는 일곱 차례의 땀을 흘려야 한 알의 쌀을 얻을 수 있다는 의미를 지닌 고사성어다. 농부의 정성과 땀으로 일구어 낸 결과물을 잊어서는 안 된다.

피가 상징하는 용기와 정의, 눈물이 담은 사랑과 정성, 그리고 땀이 표현하는 근면을 다시금 되새겨 본다. 세 가지 액체가 어우러져 힘이 되고, 성공과 행복을 얻을 수 있다는 것은 동서고금의 산 역사가 증명하고 있다.

관광지의 얼굴

관광이란 다른 지방, 다른 나라의 문물제도 풍광, 풍속, 명승지, 문화유적지 등을 돌아다니며 구경하는 것이다. 구경도 구경이지만 집에서, 직장에서, 일터에서, 사업장에서 일하며 지친 몸과 쌓인 스트레스를 해소하고 잠시나마 여가를 얻어 고뇌를 잊고자 함이다. 편안하고 한가한 마음으로 드넓은 세상의 공기를 마시며 휴양하고자 함이다.

40여 년 공직생활 동안 나는 국내외 수십 군데를 관광하고 시찰도 하였다. 행정선전지 시찰, 비교행정 시찰, 문화 사적지 탐방, 산업시설 시찰, 명승지 관광 등 주로 지방행정과 관련된 업무로 가게 된 출장이었다. 국내는 이십여 회, 해외는 열 번 즈음 여행을 다녀왔다. 일본, 중국, 미국, 영국, 프랑스, 싱가포르, 태국, 말레이시아, 대만, 필리핀 등 합해 보니 많은 나라를 다녀온 것 같다.

국내외 여러 곳을 돌아보면서 고향 제주의 현실과도 비교를 해보게 된다. 고향 제주가 국제관광지로 면모를 쇄신하고 발돋움하기 위한 어떤 길로 나아가야 하나 소감과 의견을 피력하고자 한다. 가장 먼저 느꼈던 문제점은 국내외 관광지를 막론하고 관광 종사원이나 주변상인이 불친절하고 정직하지 못하다는 점이다. 화장실이 어디냐고 물을 때 말없이 얼굴로 방향을 가리키고 만다. 얼굴사진을 몰래 찍어놓고 열쇠고리에 부착하여 당신 얼굴사진이니까 책임지고 사라고 하는 강매행위를 보기도 한다. 토산품 및 상품들은 시중과 똑같은 물건인데도 갑절 이상 비싸게 부른다. 숙박업소 종업원에게 간단한 부탁을 해보면 5분이면 될 것을 이삼십 분 걸리거나 아예 함흥차사할 때도 많았다. 봉사료는 종업원의 서비스와 기여한 척도에 따라 고마운 뜻에서 손님의 의지에 따라 주는 것인데 아무런 봉사도 서비스도 없이 의무적으로 응당 받을 것으로 간주하고 강요하는 행위도 불만이다. 관광지 내에 앉아서 한숨 돌릴 만한 편의시설이 현저히 부족하다. 음료수 판매소도 찾아보기 힘들어 불편할 때가 많다. 관광지라면 주변 환경이 깨끗해야 하는데 지저분한 곳들을 여기저기서 볼 수 있었다. 이밖에도 못마땅한 점들은 많다.

이렇게 내가 보고 느끼고 한 문제점은 다른 이들도 공감하고 있다고 본다. 반성과 개선을 토대로 제주도가 국제관광지로서 면모를 일신하여 다시 오고 싶은 제주, 다시 보고 싶은 제주, 평화의 섬으로 한국의 얼굴이 되어주었으면 하는 마음이다. 마음에 그치지 말고 실천과 꾸준한 노력이 필요하다.

우선 관광종사원, 운전기사, 주변 상인들이 친절하고 정직한 자세로 여행객들을 대했으면 하는 바람이다. 시설 좋고 환경이 빼어난 곳이어도 종업원이 불친절하고 정직하지 못하면 여행객은 다시 그 곳을 찾지 않는다. 친절은 장님이 볼 수 있고, 벙어리도 들을 수 있다고 미국의 작가 마크 트웨인의 말했다. 뭐니뭐니해도 관광지의 첫인상은 친절과 정직이 돼야 한다. 그리고 관광지 숙박업소 등 주변내외 환경이 깨끗하고 선명해야 한다. 뛰어난 관광지며 고급숙박업소라 할지라도 주변 내외 환경이 더럽고 지저분하면 관광객은 다시 그곳을 찾지 않는다. 관광지나 숙박업소 내외 주변 환경을 깨끗이 하고 청결하게 한다는 것은 중요하다.

또한 관광객들이 이용하고 활용할 수 있는 시설을 충분히 갖추어야 한다. 숙박시설, 교통수단, 골프장, 수영장, 등산 및 산책코스, 카지노 시설, 낚시, 문화관, 영화관, 각종 오락시설, 운동 시설 등 다양한 시설이 있어 여행객이 편히 쉬고 선호에 따라 즐길 수 있도록 해야 한다. 마지막으로 지역 특색을 담은 토속음식을 개발해야 한다. 제주에서만 나오고 제주가 아니면 맛보고 먹어볼 수 없는 토속음식을 많이 개발하고 관심을 갖게 해야 한다. 더불어 제주 특성에 맞는 토산품을 많이 개발하여야 한다. 현재 제주도의 대표적 토산품은 돌하르방, 해녀상, 물허벅 여인상 등 몇 가지에 불과하다. 세계자연유산으로 등재된 한라산과 일출봉, 용암동굴을 배경으로 한 토산품이라든지, 영주십경을 배경으로 한 토산품 등 지역특성에 맞는 토산품을 적극 개발하는 것은 시급한 일이다. 이와 함께 외국어 통역능력의 향상이 필요하다. 제주를 많이 찾는 여행객 중 일본, 중국, 미국 등의 세 나라의 언어만이라도 간단한 인사와 의사소통을 할 수 있는 관광 종사원과 운전기사를 확보하는 것도 중요하다.

제주는 평화의 섬이요, 특별자치도이며, 국제관광지이다. 피력한 여섯 가지만이라도 정착되고 실천되어 제주가 진정한 세계적 관광지로 도약할 수 있는 디딤이 될 수 있었으면 하는 바람이다.

세월 속

오은순

세월도 왔다가
돌아가구요
돌고 도는 세월 속에
나도 가구요
가버린 세월 속에 묻혀
잠 못 이루네

(2007년 7월 14일 밤)

송년과 해돋이

1년 365일, 8,760시간을 살아내고 해가 바뀌는 12월 31일은 늘 아쉬움이다. 한 해를 마감하고 새해를 시작할 때면 미묘한 감정이 교차된다. 이때가 자시(子時)다. 자시라 하면 밤 11시부터 다음 날 새벽 한 시까지를 말한다. 자시는 삼라만상이 고이 잠들어 고요하고 적막한 시간이다. 유교에서 제례는 대부분 자시를 기점으로 하여 지내는데 그 이유는 자시가 정적이 흐르는 이슥한 시간이며, 그날에 돌아가신 모든 분들은 사망시간에 관계없이 자시에 돌아간 것으로 간주하는 데서 비롯되었다.

해마다 365일이라는 날짜를 어김없이 흘러 보낸다. 새해 첫 날 아침 사람들은 해돋이를 보려고 일출봉과 동쪽 바닷가에 접해있는 오름에 오른다. 떠오르는 태양을 보며 새해 1년 동안 온 가족의 무사안녕을 기원하고 모든 일이 바라는 대로 이루어지기를 염원하며 두 손 모아 정성을 드린다. 일부 공공기관이나 단체 또는 마을에서도 일출행사를 치르며 마을이 만사형통 할 수 있도록 소망을 빈다. 해돋이 행사는 새해 첫날 많은 사람이 참여하여 치러진다는 데 소중함이 있다.

해가 바뀔 때마다 사람은 한 살씩 더 먹는다. 나이에 숫자가 하나 더 붙는다는 것은 어린 아이와 청소년에게는 자라고 성장하는 의미로 즐거운 일이다. 중년과 노년층에게 한 살을 먹는다는 것은 반갑지만은 않다. 주름살 느는 게 보이고 기동력과 활력이 쇠함을 절감하는 시간이 늘기 때문이다. 어떻게 보면 새해를 맞으며 한 살을 더 먹는다는 것은 점차 죽음의 길로 가깝게 다가선다는 의미이기도 하다. 세월은 기침없이 흘러가고 인생을 기다려주지 않는다. 붙잡을 수 없고 돈으로 살 수도 없고 빌려 쓸 수도 없는 게 세월이다.

그렇다고 해서 한 해를 무심코 보낼 일은 아니다. 해를 마감하면서 일 년 생활을 한번 뒤돌아보며 반성하고 새로운 기회를 도모해야 한다. 그래야 지혜롭고 슬기로운 삶이다. 우선 자신의 건강을 한번 뒤돌아 봐야 한다. 건강관리는 잘했는지, 몸 상태는 양호하며 아픈 곳은 없는지 등이다. 계획했던 모든 일들이 잘 이루어졌는지 뒤돌아봐야 한다. 뜻대로 안 되었는지, 무엇 때문에 안 되었는지 이유를 알고, 문제점을 분석하여 극복해 나가야 한다. 한 해 동안 행동거지는 어떠하였는지 뒤돌아봐야 한다. 부모와 형제자매, 친족, 친구, 이웃들에게 서운하게 한 일은 없는지 남을 모략하거나 곤란하게 한 일은 없는지, 남과 다투거나 싸움을 한 적은 없는지, 법에 어긋난 일을 한 적은 없는지를 돌아봐야 한다.

이렇듯 돌아보며 반성하고, 뉘우칠 것은 뉘우치고 각성할 것은 각성하면서 개선할 것은 고쳐야 가치 있는 삶이다. 헌 해를 보내고 새해를 맞이하며 지녀야 할 중요한 마음자세다. 살면서 행하는 모든 일에서 얻는 경험과 쌓인 경륜을 바탕으로 발굴된 교훈이야말로 삶을 안내해주는 참된 길잡이다. 뒤돌아보며 송년의 회포를 풀고 맞이하는 희망찬 해돋이 또한 작은 기쁨이다.

사라봉 해넘이

제주를 찾은 이들이 최고 경승지를 물으면 선뜻 이 곳이라고 말할 수 없을 만큼 제주 섬에는 아름답고 빼어난 경관지가 많다. 많은 이들이 나름대로 제주를 대표하는 명승지를 내놓지만 조선 후기 제주를 대표하는 학자인 매계 이한우가 선정한 영주십경(瀛洲十景)을 최고로 친다. 영주는 신선이 사는 곳이란 뜻이며 제주의 별칭이다. 사시사철 아름다움이 색다르고 빼어나 영주십경은 변함없이 섬을 대표하고 있고 찾는 이들은 찬사를 보내는 명승지이다. 영주십경은 성산출일(城山出日), 사봉낙조(紗峰落照), 영구춘화(瀛邱春花), 정방하폭(正房夏瀑), 귤림추색(橘林秋色), 녹담만설(鹿潭晩雪), 영실기암(瀛室奇巖), 산방굴사(山房窟寺), 산포조어(山浦釣魚), 고수목마(古藪牧馬) 등의 열 곳 명승지를 일컫는다.

사봉낙조(紗峰落照)는 저녁 무렵 사라봉에 오르면 해가 바다 속으로 스며들며 펼치는 장엄한 해넘이 광경을 말한다. 사라봉은 제주 시내 동북쪽 바닷가에 접해 있는 148미터 높이의 작은 봉우리다. 남쪽으로는 제주도의 상징인 한라산을 마주 바라보고 있으며 서북쪽으로는 바다로 뻗어 있어 성산일출봉과 견주고 있다.

사라봉에 올라 시내를 바라보면 모든 정경이 한 눈에 들어온다. 제주항에서는 고깃배와 여객선이 드나들고 공항에서는 여객기가 분주하게 뜨고 내리고 있다. 저녁 어스름에 사라봉에서 서쪽 바닷가 수평선으로 걸쳐드는 석양이 그려내는 장관은 아름답다. 떠오르는 아침해도 찬란하고 아름답다 하지만 서산에 펼쳐지는 석양은 더욱 장엄하고 황홀하다. 짙은 노을이 배경되어 아름답고 마치 하늘과 바다가 엉켜 불타는 듯 환상적이다. 바람결에 출렁거리는 바다 물결은 황금빛 무늬를 입은 듯 반짝이며 보는 이의 마음을 송두리째 사로잡는다. 감탄사가 절로 나오고 감흥을 주체할 수 없게 만드는 풍경이 사라봉 해넘이다.

사라봉은 제주사람이 많이 찾고 사랑하는 휴식공원이다. 각종 운동시설과 편의시설들이 돼 있어 아침, 저녁으로 운동하고 산책할 수 있는 곳으로 각광을 받고 있다. 산 정상에는 망양정(望洋亭)이라 불리는 팔각정이 있다. 정상에 올라 숨을 고르며 기댈 수 있는 휴식처이다. 여름철에는 땡볕을 피하고 소나기를 모면할 수 있다. 겨울철에는 바람막이 역할을 해 잠시나마 추위를 피할 수 있다. 사라봉 북쪽 끝 절벽 위로는 등대가 우뚝 서 있다. 제주항을 드나드는 배가 안전하게 드나들 수 있도록 길잡이가 되고 있다. 사라봉 남쪽에 양지 바른 산비탈지에는 묘충사가 있다. 동쪽으로는 사라봉과 등줄기가 이어지며 별도봉이 자리하고 있다. 그 봉우리를 끼고 있는 바닷가 쪽으로는 화북마을이 있다. 화북동은 제주의 옛 관문이었다. 관문을 상징하는 진이 있었으며 지금도 해신사(海神祠)가 보존되어 있다. 이처럼 사라봉은 제주를 상징하며 시내와 가까운 위치에 있어 사람들이 즐겨 찾는 친근한 곳이기도 하다.

영주십경의 자리 가운데 하나인 사라봉의 위상이 예전 같지 않은 것 같아 아쉬움이 드는 요즘이다. 해돋이 일출 때는 관공서에서 관심을 갖고 다양한 행사를 개최하여 많은 사람들이 참석할 수 있도록 자리를 마련해준다. 해넘이 행사를 개최하는 곳은 눈을 씻고 찾아봐도 없다. 지난 1년을 되돌아보는 것에 대한 인색함이 그것이다.

2007년 정해 년 마지막 날 나는 사라봉에 올랐다. 12월 31일 저녁 다섯 시였다. 바다 속으로 스며드는 송년 해를 바라보며 지난 1년간 가족 모두 무사안녕 하도록 지켜준 은덕에 감사드리고 정성스레 세 번 절하였다. 마음이 편안해지고 상쾌하여 이보다 더 좋을 수가 없었다. 주변에는 해넘이를 보는 사람들이 10여 명 남짓 있었다. 선조들이 극찬한 영주십경 중의 하나인 사봉낙조 명성이 오늘날 이 정도 밖에 안 되나 자문하며 안타까움을 달랬다. 사라봉 해넘이에게도 관심과 정성이 필요하다.

외할머님

오은순

새삼 외할머니 생각이 난다
어린 시절 외할머니 밑에서 자랐기 때문이다.

철부지 어렸던 그 시절
잠자리에 들라치면
내 엉덩이를 두드리며
'보름달 같은 딸아
물 아래 옥돌 같은 딸아'
하시면서 잠을 재워 주시던 외할머니의 소리.
육십년 세월이 흘렀어도
엊그제 같은 생각이 든다
외롭고 불쌍한 할머님
딸 하나 나으셔서 청산과부 팔십 평생으로
끝맺은 할머니.
한 많고 설움 많은 할머님
밭에 가서 김매시며
한이 서린 노래 부르시던
생각이 귓가에 생생하다
지게 위에 손녀자식 올려놓고 일터로 나가시던
할머니
손녀자식이 이제야 철이 들어
어릴 적 생각이 나는가보다
고마우신 할머님
극락왕생 하소서
극락왕생 하소서
불효손녀 자식
부처님 앞에 빌고 또 비나이다.

4장 삶의 터전은

사진 : 석산봉 _ 강형구

늙은 靑春

청 춘

제자리

모든 존재는 제자리가 있고 제 역할이 있게 마련이다. 제자리를 알고 자기에게 주어진 역할과 제구실을 수행하는 그런 필요한 사람이 되어야 한다. 이게 제대로 사는 것이다. 재능과 적성에 알맞은 일을 맡고 완수해야 목적한 바를 성취했다 할 수 있으며 성공이라 부른다. 부적합하고 적성에 맞지 않는 일은 끝마치기도 쉽지 않을 뿐더러 실패의 가능성이 크다. 적재적소처럼 중요한 것은 없다. 누구나 제자리에 놓일 때 빛이 드리우고 힘이 생기며 그 위력을 발휘할 수 있다. 사람답게 산다는 것은 제자리에 확실하게 정착하고 주어진 역할과 제구실을 책임 있게 다하는 것이다.

사람의 자리는 흔히 세 가지로 분류한다. 하나는 그 자리에 있으면서도 제역할 못하는 있으나마나한 무용지물이다. 둘째는 그 자리에 있어서는 방해만 되고 부담만 주는 그 자리에 있을 존재가치가 없는 사람이다. 마지막으로 꼭 필요하고 그 자리에 반드시 있어야만 하는 유용한 사람이다. 있으나마나한 존재와 있어서는 안 될 사람이 되어서는 안 된다.

사계절은 각자 위치에 알맞게 자리 잡고 제 역할을 하고 있다. 봄에는 새싹들이 돋아나고 아름다운 꽃망울을 터뜨린다. 그윽한 향기로 온갖 곤충에게 유혹의 손짓을 하기도 하고 행인의 발길을 잠시 멈추게도 한다. 봄의 자리에서 제 역할이 끝나면 그 자리는 여름이 물려받는다. 여름은 왕성한 생명력을 발휘하며 어머니의 계절처럼 모든 생명체가 활발하게 성장한다. 가을은 노랗게 영근 열매를 맺으면서 세상을 황금빛 들판으로 물들이며 수확할 때가 됐음을 알려준다. 겨울은 한 해의 마지막을 장식한다. 낡은 잎사귀를 털어버리고 앙상한 가지와 몸통으로 새 생명이 태어날 수 있는 채비를 다시 시작한다. 이게 사계절의 역할이요, 제자리인 것이다. 자연의 순리다.

자연의 섭리는 인간에게도 적용된다. 사람은 각자 제자리를 갖고 맡은 역할을 배분받는다. 배분된 역할을 나에게 주어진 사명으로 기꺼이 받아드리고 책임감과 성실로 임해야 한다. 역할이란 다른 뜻으로 보면 구실이요, 노릇이다. 아버지는 아버지로서 주어진 역할과 자리가 있다. 어머니는 어머니로서 자리와 노릇이 있다. 정치가는 정치가로서 공무원은 공무원으로서, 사업가는 사업가로서 선생은 선생으로서, 학생은 학생으로서, 노동자는 노동자로서, 농민은 농민으로서 주어진 역할과 제 구실이 있다.

밥알이 밥그릇 속에 김을 모락모락 내며 담겨있으면 아름답고 먹음직스럽지만 사람의 뺨에나 콧등에 붙어있을 때는 보기 싫은 흉물이 된다. 밥알이 제자리에 있지 않아서 그렇다. 어머니가 가정을 돌보는 일에는 등한시하고 치맛바람이나 날리면서 사치와 도박을 일삼으면 어떨까. 자식들이 공부는 게을리 하면서 싸움질이나 하고 깡패 노릇을 한다면 어떨까. 제자리가 아니고 제 역할이 아니다. 사람의 신체 구조도 마찬가지다. 눈은 눈의 자리에서 세상을 내다보는 역할을 한다. 귀는 귀의 자리에서 소리를 잡아내고 전달해준다. 입은 입의 자리에서 음식을 채우며, 말을 주고받는 창구이다. 모두가 제 위치를 지키며 주어진 역할과 구실을 충실히 하고 있다.

연극배우는 주어진 역할을 잘 소화해낼 때 아름답다. 어부는 바다에서 바닷일을 할 때 보기 좋다. 웅변가는 열변을 통하여 관중의 눈과 마음을 사로잡을 때 빛이 나고, 버스 운전기사는 교통질서를 잘 지키며 안전하게 운전하여 목적지까지 도착했을 때 고마움을 받는다. 제자리에 있으면서 제 역할, 제구실을 성실히 다할 때 아름답다. 일부 몰지각한 사람들은 양심을 팔고 욕심만 커져 제자리를 지키지 않는다. 그래서 질서가 무너지고 믿음을 상실한다. 결국에는 사회 기강이 해이되고 혼란 상태에 빠져드는 경우를 흔하게 볼 수 있다.

세상살이에서 제자리와 제구실처럼 중요한 것은 없다. 저마다 주어진 역할을 책임지고 성실히 수행해 나갈 때 보람을 느끼며 참 인생을 영위할 수 있다. 자신이 서 있는 위치가 어디인지, 그 자리에서 역할을 제대로 해내고 있는지 곰곰이 생각해보자.

삶의 터전

삶의 터전은 가정(家庭)이다. 가(家)자는 집 가(家)자요, 정(庭)자는 뜰 정(庭)자로 가정은 집과 뜰이라는 의미이다. 가정은 사랑의 보금자리요, 행복의 낙원이요, 생활의 안식처요, 가정의 역사를 창조하는 곳이기도 하다. 우리는 집을 가정이라고 한다. 가정을 이루려면 우선 결혼을 해야 한다. 한 쌍의 남녀가 만나 혼인성사를 치루고 나서야 가정이 성립된다. 그래서 자식을 낳고 공생공애(共生共愛) 하는 생활공동체를 이루면서 상부상조의 미덕을 창출해 나간다.

부부는 성으로 결합을 하고 자녀를, 후손을 탄생시킨다. 어머니 몸에 잉태되면서 부모와 자식, 형제자매 관계가 성립되며 이 만남은 숙명이다. 부모를 선택할 수 있는 자유도 없고, 부모는 자식을 임의로 선택하기 어렵기 때문이다. 운명이고 인륜인 동시에 천륜이다. 가족은 하늘이 맺어준 절대적인 인연이다. 못나도 내 부모요, 어리석어도 내 자식이다. 천륜으로 맺어지고 얽혀진 운명이기 때문에 끊으려고 해도 끊을 수 없는 게 가족이다. 그래서 피는 물보다 진하다. 가족을 혈육이라 칭하는 이유도 여기 있다.

가족은 일정기간 동안 공동체 생활을 하며, 결속력과 일체감이 어느 집단보다 강하다. 부모처자와 형제자매처럼 가까운 사이는 없다. 언제나 따뜻하고 훈훈하며 정다움이 흐르고 한 지붕 밑 한솥밥을 먹으면서 동고동락한다. 가정에서 사랑을 배우고, 협동을 배우고, 질서를 배우고, 도덕을 배우고, 예절과 나눔을 배운다. 전통과 생활방법을 배워 나간다. 세상 살아가는 데 필요한 덕목을 가정에서 배우고 성숙한 인간으로 거듭난다. 가정은 최초의 학교이며 부모는 자녀에게 최초의 스승이다.

가정에서는 부모와 자식이 애정을 교류하고 형제자매가 형제애를 나눈다. 인간관계에서 어버이와 자식처럼 소중한 관계는 없다. 친친자자(親親子子)라는 고사성어가 있다. 어버이는 어버이 노릇을 잘하고 자식은 자식노릇을 잘하라는 뜻이다. 화목하고 행복한 가정은 이러한 역할분담과 책임에서 비롯되는 것이다. 살아가며 어려움에 맞닥뜨리면 늘 돌아갈 수 있는 곳이 가정이다. 편히 쉴 수 있고 웃음이 숨 쉬는 곳이다. 안전하게 지켜주고 보호해주는 성(城)이다. 사회에서는 늘 경쟁하고 이해타산이 득시글거리지만 가정에서는 따뜻한 온정이 오고가며 단란하다.

가정을 건전하게 만들어야 사회와 나라도 튼튼할 수가 있다. 가정이 무너지면 곧 사회가 허약해지고. 나라마저 흔들릴 수 있다. 화목하고 건전한 가정을 가꾸어 나가는 게 튼튼한 사회의 시발점이요, 나라발전의 근본이 된다. 가정은 기쁨과 슬픔을 같이 나누며 어려움과 괴로움을 이겨낼 수 있는 동력이 되는 곳이다.

하지만 사회문명이 고도로 발달되고 최첨단 기술이 세상을 어지럽히면서 가정의 가치와 소중함은 변질되고 소외돼 가고 있음을 발견한다. 메마른 찬밥 신세다. 안타깝다. 부모가 자식을 불신하고 자식이 부모를 경시하며 형제자매 사이에 우애를 저버리는 비극을 매일같이 뉴스기사로 대한다. 대가족에서 핵가족 시대로 전환되면서 사회악과 가정 비극이 많이 파생되고 있다고 본다. 하지만 단란한 가족의 집합체인 가정은 인간의 영원한 제도요, 근원적 집단으로서 가치와 의미는 변하지 않으며 영원하리라 생각한다. 삶의 터전인 가정을 튼튼하게 만들기 위해서는 가족 구성원 모두가 지혜를 모아야 한다. 늘 의논하고 부대끼고 시끌벅적거려야 한다. 서로가 정성을 다해야 할 것이며, 양보와 관용을 베풀어야 할 것이며, 열정과 지혜를 표출해야 한다. 삶의 터전인 가정을 참답게 이루어가는 지름길이다. 그게 가정이다.

언제나 부모 마음은

세상의 신비한 일 가운데 새로운 생명체의 잉태와 탄생처럼 신기하고 고귀한 것은 없다. 몸 안에 자리하던 자식새끼를 낳고 보살피며 정성을 다하여 키우는 과정은 사람과 짐승이 다를 바 없다. 가축이나 야생동물이나 조류도 충분히 자라 홀로설 수 있을 때까지 새끼를 품에 안고 갖은 정성으로 돌보고 키운다. 모든 생명체가 갖는 본능이다. 하물며 만물의 영장이라고 자부하는 인간은 짐승에 비할 바 없이 더욱 지극한 정성과 사랑으로 자식을 키워나간다. 자식을 낳아 키워보지 않으면 부모 마음을 헤아릴 수 없다. 옳은 말이다. 자식을 낳고 애지중지 키워보지 않은 사람은 부모 마음을 진정으로 헤아릴 수 없다.

어머니란 존재를 생각한다. 자식을 낳으려면 해산의 고통을 겪어야 한다. 목숨을 담보로 갖은 고생을 다하며 새로운 생명을 탄생시키는 존재가 어머니다. 산전산후 고통을 극복하면서 낳은 자식은 어머니의 분신(分身)이며, 어머니의 뼈고, 살이요, 피다. 그래서 자식은 어머니의 생명처럼 소중하며 귀하다. 어머니에게 처음 웃음을 배우고 말을 배우고 지혜를 배우고 사랑을 배우면서 커간다. 양육기간으로 따지면 인간이 가장 오래고 힘들다. 그 기간 동안 새 생명은 어머니의 사랑을 먹고 정성을 먹고 날로 쑥쑥 자란다. 어머니는 아이에게 신(神)같은 존재나 다름없다. 어미의 마음은 따뜻함과 포근함과 진실이 늘 숨 쉬는 곳이며, 어미의 품은 안기고 싶고 의지하고 싶은 공간이다.

사랑과 정성과 지혜는 사람다운 사람을 만드는 중요한 영양소다. 한포기 화초나 꽃나무가 싱싱하게 자라 꽃을 개화하려면 강렬한 볕과 알맞은 수분이 공급돼야 하듯이 사람도 건강하게 성장하려면 어머니와 아버지의 정성과 지혜와 사랑이 필요하다. 공자는 춘추(春秋)에서 "자식에 대한 어버이의 참된 사랑은 헤어나지 못하는 애정 속에 있는 게 아니라 자식을 올바른 사람의 길로 인도하는 데 있다"고 갈파하였다. 자식에게 물려줄 수 있는 값진 유산은 교육이다. 사랑하는 아들과 딸에게 재산을 물려주는 것도 의의는 있지만 훌륭한 가르침을 주는 것이 더 소중하고 가치가 있다. 부모의 모든 행동거지는 진실을 담아야 하고 정의의 편에 서서 생활하는 모습이어야 한다. 그래야 자식이 배운다. 인격도 없고 도덕도 없는 사람이 재산을 많이 가지게 되면 게을러지며 교만해지고 부패와 타락의 나락으로 빠지기 쉽다. 재산보다는 사회에 귀감이 되는 행동철학을 물려주어야 한다.

자식은 부모를 존경하고 부모는 자식을 정성과 사랑으로 베풀어줄 때 행복한 가족이 된다. 맹자는 "사람을 사랑하되 그가 나를 사랑하지 않거든 나의 사랑에 부족함이 없는가를 살펴라", "사람을 존경하되 보답이 없거든 나의 존경에 모자람이 없는 가를 살펴보라" "행하여 얻음이 없으면 모든 것에 대해여 내 자신을 반성하라"고 가르쳤다. 한 가정이 평화롭고 화목하려면 부모는 온정이 깃든 따뜻한 마음과 사랑이 자식 모두에게 고루 돌아가도록 배려하여야 한다.

자나 깨나 자식 걱정으로 하루를 보내는 게 부모 마음이다. 언제면 내 자식이 튼튼하게 자라서 훌륭한 사회의 일꾼이 될까? 언제면 좋은 배우자를 만나 시집장가 가서 아들딸 낳으면서 행복한 가정을 이룰까? 언제면 늙어가는 부모에게 근심적정 없게 해주는 자식이 될까? 늘 자식을 위해 염원하고 기도하는 마음이 부모다.

부모를 모시며 사는 게 반드시 효도는 아니다. 근심걱정을 덜어드리고 나름대로 행복하고 튼튼한 가정을 이룩하여 잘 살아주는 게 부모 마음을 헤아리는 효도다. '언제나 부모 마음은' 이란 시가 문득 떠오른다.

언제나 부모 마음은

눈물이 비가 되어 강물이 흘러내려도
한숨이 바람 되어 태풍에 날려가도
악전고통 병마에 시달리면서도
노심초사 자식걱정 끊일 날이 별로 없네.
벽적삼 땀방울에 열 담긴 땀 냄새도
자식소망 이룩하는 희망담긴 향기로다

내 자식 거리나가 행여 사고 당하랴
70자식 걱정되어 90아버지 잠 못 이루네.
이 몸 바쳐 자식생명 구할 수만 있다면
하늘에 별인들 못 따올 수 있을까
자신은 굶어가며 내 자식 먹이리라
부모의 가슴속엔 숨결만이 드높이네.
자나 깨나 자식걱정 한숨을 몰아쉬며
내 자식 잘 되라고 부처공양 해보건만
부모은덕 헤아릴까 내 자식 어대 있노
한평생 시름 속에 주름살만 늘어나네.

어머니 상(像)

세상에 존재하는 무엇과도 비교할 수 없을 만큼 존경받는 큰 이름 석 자는 바로 어머니다. 누구나 어머니 몸에서 태어난다. 세상의 빛을 보는 순간부터 인간은 자신에게 주어진 고난과 역경에 맞닥뜨리고 이를 슬기롭게 타개하면서 아름다운 내일을 그려보며 살아간다. 대자연의 섭리 속에 펼쳐지는 태양, 별, 달 등 삼대광명의 빛과 더불어 수천 년을 살아왔듯이 우리 후손들도 이 역사의 수레바퀴를 밀고 당기며 내일을 살아갈 것이다. 모두가 어머니에서 비롯된다. 어머니의 힘이요, 역사의 순리다.

우리말 가운데 위대한 낱말을 고르라면 주저하지 않고 어머니를 선택하겠다. 모심(母心)은 천국(天國)이요, 모정(母情)은 극락(極樂)이라 했다. 여성(女性)은 약하나 모성(母性)은 강하다. 세상을 움직이는 것은 남자이나 여자는 남자를 움직인다. 물리적으로 약한 여성을 강하게 만들 수 있는 의지와 당참은 자식에 대한 참사랑을 실천하는 어머니의 지극정성에서 우러나온다.

우리는 어머니 뱃속에서 10개월 동안 세상 맞을 준비를 한다. 바깥 세상에서 들려오는 소리에 맞춰 움직여 보기도 하고, 발길질도 하며 존재를 알린다. 태어나는 순간 세상의 빛으로 눈부셔 어렴풋이 그림자처럼 보이는 형체가 어머니다. "어진아! 어진아!" 하면서 눈빛으로 처음 소통을 하는 이도 어머니다. 진자리 마른자리 갈아주는 사람도 어머니다. 어머니의 마음은 자비요. 어머니의 손은 자애요. 어머니의 눈은 사랑이다. 급박한 상황이나 위험한 일이 닥쳤을 때 "아이고 어머니!" 하고 무의식적으로 외치는 것도 어머니란 존재의 중요성과 무관하지 않다. 어머니의 옥체는 인간의 발원지며 늘 아늑한 고향이기도 하다. 으뜸가는 정이요. 조건 없는 영원한 사랑이다. 어머니는 거룩하고 위대하다.

위인의 성공 이야기를 자세히 들여다보면 늘 뒤에 어머니가 자리하고 있다. 이율곡 선생이 훌륭하고 학문이 뛰어났던 배경에는 어머니 신사임당의 훌륭한 가르침과 역할이 있었다. 에디슨이 발명가로서 성장할 수 있었던 것은 남다른 어머니의 가르침과 슬기로운 격려가 있었다. 유교사상과 정통성을 후세에 훌륭하게 전파시킨 맹자에게도 확고한 결단력과 정직한 가르침을 준 어머니가 있었다. 맹모삼천지교(孟母三遷之敎)가 그렇다.

오늘날 어머니가 되는 일은 누구나 할 수 있고 쉬울지 몰라도 지혜롭고 슬기로운 어머니가 되는 건 쉽지 않다. 지성과 덕성을 갖춘 어머니는 그리 흔하지 않은 게 현실이다. 가정교육의 중추 역할은 어머니 몫이다. 한없는 사랑을 자식에게 주면서도 올바르게 가르칠 수 있어야 한다. 자식 앞에서 부모의 행동거지는 진실과 성실하고 참 돼야 한다. 귀감이 되어야 한다. 바른 가르침으로 자식이 성장하여 길을 벗어나지 않고 꿋꿋이 걸아 나갈 수 있도록 밝혀주는 게 어머니의 역할이요, 책임이다. 요즈음 사회의 일면을 보면 존경받아야 할 어머니의 상에 누가되는 일들이 많은 것 같아 마음이 아프다.

우리말 사전은 어머니를 자식을 가진 여자라 뜻하고 있다. '어머님' 은 어머니의 공경어이고, '엄마' 란 어머니의 어린이말로 되어 있다. 흔히들 '엄마' 란 단어를 많이 쓰고 있는 데서 내 마음은 편치 못하다. 성년이 될 때까지는 부모의 우산 밑에서 보호를 받고 커가기 때문에 '엄마' 라고 부르는 것이 흉스럽지 않고 오히려 다정하고 자식들의 격에 맞는 호칭이다. 하지만 성인이 되고 결혼도 하고 출가한 자식이나 또는 자식까지 가진 30대, 40대들이 '엄마', '아빠' 하고 어린이 말로 부르는 호칭은 불성 사납고 격이 맞지 않다. 어머니 상(像)에도 어울리지 않는다. 대중매체인 KBS, MBC, SBS에서 방영되는 드라마의 한 장면을 보아도 그렇다. 성년이 훨씬 넘은 40~50대들이 부모에게 '엄마', '아빠' 하고 부르는 장면을 자주 접한다. 보면 볼수록 거북하고 한심스럽기 그지없다. 출가한 딸자식이 시부모한테는 '어머님', '아버님' 하며 존칭어를 쓰면서 친정에 가서는 '엄마', '아빠' 하며 어리광을 피우는 모습이 흔하다. 이를 다른 시각으로 보면 친부모는 거리감이 없고 허물이 없기 때문이라고 생각할 수 있다. 시부모는 허물을 접할 수 있고 일정한 거리감이 있어서 호칭 또한 조심스러워야 한다고 생각할 수 있다. 내 생각으로는 양쪽 부모 모두에게 '어머니', '아버지' 하고 불러드리는 게 성년이 된 자식의 격에 맞다. 이러한 호칭이 부모님에 대한 최소한의 예의며 존경받아야 할 어머니의 위상에 누가 되지 않는다. 성년이 넘은 모든 사람들이 '어머니' 하고 공경과 존대어로 불러주기를 바라는 마음 간절하다.

주름살

오은순

거울에 비친 얼굴
세월이 말해 주듯
눈가에 주름살이
너무나 많이 늘어
초라한 나의 얼굴
서글퍼 서글퍼라.

참사랑

사랑은 인생의 태양이라고 흔히 일컫는다. 태양은 밝고, 따뜻하고, 희망적이며, 강렬하기 때문이다. 우주를 훤히 밝혀주고 온갖 만물이 소생하도록 성장 발전할 수 있는 위대한 힘이 있어서이다. 산다는 것은 사랑하는 것이요, 사랑은 인생의 근본이요 핵심이다. 독일 철학자 피히테는 사랑은 인생의 주성분이라고 했다. 사랑 없는 인생은 태양이 없는 것처럼 어둡다. 사막처럼 황막하고 얼음처럼 냉랭해진다.

사랑은 조물주가 인간에게 내려준 보배요 위대한 가치다. 우리는 사랑을 토대하여 행복을 짓고 인생을 설계한다. 사랑은 흔히 만남에서 시작한다. 만남은 인격과 인격이 연결되고 마음과 마음이 이어지는 것이다. 물건과 물건이 만나는 게 아니다. 인격적 만남에는 세 가지 진리가 있다. 첫째는 성(誠)의 진리요 둘째는 경(敬)의 진리요 셋째는 화(和)의 진리다. 성은 성실과 신의를 의미한다. 경은 인격적 존중을 의미한다. 화는 화목과 친화를 나타낸다. 만남은 신의로 엮어져야 하며, 인격적인 만남은 존경과 화의 원리로 풀어야 한다.

사도 바울은 가르쳤다. “사랑은 오래 참고 인내하며 투기하거나 자랑하지 아니하며 교만하거나 무례하지 아니하며 제 생각만 하지 아니하며 바른 것을 기뻐하며 또한 사랑은 범사에 참으며 범사에 믿으며 범사에 바라며 범사에 견디나니.” 그리스도는 존경과 사랑을 기독교의 핵심교리로 전파하고 있고, 부처는 자비를 사랑의 근본으로 강조하고 있다. 공자는 어질 인(仁)자를 사랑의 기본원리로 가르치고 있다. 인간은 누구나가 사랑 속에 살아가고 있으며 이 안에서 삶의 가치를 느낀다.

사랑은 쌍방통행이요, 짝사랑은 일방통행이다. 주기만 하고 받지 못하는 사랑, 받기만 하고 줄 수 없는 사랑은 짝사랑이다. 사랑은 쌍방통행이어야 한다. 주는 만큼 받고 받는 만큼 주어야 한다. 이것이 바람직한 사랑이다. 마음과 마음, 인격과 인격이 거짓 없이 깊숙이 결합될 때 참된 사랑과 행복이 보장된다. 같이 있고 싶고, 함께 살고 싶고, 같이 여행을 떠나고 싶은 게 사랑이다. 하지만 사랑이 한번 어긋나기 시작하면 연소 작용처럼 애태우며 절망하고 아파하기도 한다. 사랑하는 사람은 서로 이해하고 용서하고 아껴주며 인내하는 지혜가 필요하다.

사랑의 문을 두드림은 자신을 사랑하는 자기애(自己愛)에서 시작하여 타인으로 넓혀가는 것이다. 사랑의 핵심은 다섯 가지로 요약할 수 있다. 첫째는 서로 대등한 위치에서 인격을 존중해주는 일이다. 둘째는 서로 상대방에 대하여 깊은 관심을 가져주는 일이다. 셋째는 서로간에 신뢰하고 믿음을 가져주는 일이다. 넷째는 서로에 대하여 모든 책임을 지는 일이며, 다섯째는 모든 것을 아낌없이 주는 것이다.

사랑하는 마음은 서로 주고받는 마음이다. 영어로는 "give and take", 주고받는 것이다. 마음을 주고받고, 말을 주고받고, 웃음을 주고받고, 인사를 주고받고, 생각을 주고받으며 사랑을 키워가는 것이다. 인간을 놀랍게 변화시킬 수 있는 두 자가 사랑이다. 의식과 행동, 성격과 가치관이 크게 변할 수 있는 계기는 사랑으로부터 부여된다. 사랑은 힘이 있다. '인격존중', '깊은 관심', '믿음과 신뢰', '책임지기', '아낌없이 주기'를 실천하면서 참사랑을 가꾸어보자.

화(和)의 덕(德)

일상생활을 하며 성공하는 사람을 눈여겨보면 공통점이 하나 있다. 화(和)를 잘 다스린다. 사람과 사람과의 사이에는 화목이 있어야 하고 화가 무너지면 일이 어렵고 제대로 성사되지 않는다. 화(和)의 한자 의미는 화할 화 혹은 알맞은 화다. 화(和)는 벼화(禾) 옆에 입 구(口)가 붙어 벼를 수확하고 여러 사람이 같이 나누어 먹으면 화목해진다는 뜻이다.

화(和)를 붙인 한자어는 많다. 화락(和樂)은 사이좋게 즐김을 말하고 있고 화기(和氣)는 해서 화합한 기 온화한 기를 말한다. 화색(和色)은 온화한 얼굴빛이고, 화안(和顔)은 온화한 얼굴을 말한다. 화합(和合)은 화목하게 합하여짐을 일컫고, 화평(和平)은 온화하고 태평함이다. 인화(人和)는 마음이 통하여 화합하는 것이고, 화목(和睦)은 뜻이 같고 정다움을 말한다. 화(和)가 붙은 한자어는 아름답고 온화하고 좋은 의미를 담고 있다.

누구나 화합이 주는 가치를 곱씹어 봐야 한다. 마음에는 화가 충만

해 있어야 하고 얼굴에는 화의 기색이 넘쳐야 한다. 눈에는 화의 빛이 빛나야 하며 입술에는 평화의 미소가 감돌아야 한다. 화를 얻기 위한 노력이 있으면 보다 나은 사람이 되고, 가정이 되고, 이웃이 되고, 사회가 된다. 화목과 평화는 늘 아름다운 미를 창조한다.

화(和)의 덕(德), 즉 삼화인(三和人)을 새삼 강조하고 싶다. 심화인(心和人), 가화인(家和人)이요, 인화인(人和人)이 그것이다. 삼화인(三和人)이 되고자 노력하는 사람이 오늘날 절실하다. 우선 평화와 안정을 다스릴 수 있는 통달된 심화인(心和人)이 되어야 한다. 생활 속에서 우선 마음이 편안하고 안정되어야 한다. 이처럼 중요한 것은 없다고 본다. 마음이 편하면 모든 일이 막힘없이 잘 풀리며 몸의 균형이 유지되고 건강해지며 행복까지 얻을 수 있다. 마음의 주인이요, 마음을 다스리는 주체인 우리가 마음에 화(和)가 정착될 수 있도록 노력을 기울여야 한다. 더불어 즐거운 마음으로 일하는 낙동주의(樂動主義) 인간이 되어야 한다. '일일청한일일선(一日淸閑一日仙)' 이라 했다. 하루라도 마음이 깨끗하고 편안하면 그 하루는 신선이 된다는 말이다.

둘째, 가정을 편안하고 화목하게 만드는 가화인(家和人)이 되어야 한다. 가정은 삶의 터전이요, 사랑의 보금자리요, 도덕의 학교요, 신뢰의 공동체이다. 가화만사성(家和萬事成)이란 옛말이 있다. 가정이 화목해지면 모든 일이 잘 이루어진다는 뜻이다. 가정이란 밭 디에 노력을 뿌리고, 신념을 거름 주고, 희망을 가지치기 하고, 화목과 사랑을 수확해야 한다. 정성을 심을 때 행복한 가정을 이룰 수 있다. 나는 가정의 주인공이요, 기둥이요, 방패막이다. 가족의 행복을 위해 피와 눈물과 땀을 무한정 흘릴 수 있어야 한다. 가정에게 있어 신의는 존립의 기본 원리이다. 가족끼리 신의를 저버리면 화목한 가정을 이룩할 수 없다. 부모자식, 부부, 형제자매 사이에 불신이 싹트면 불행이 커지고 가족이란 소중한 공동체가 깨지기 쉽다. 신(信)과 화(和)를 다스리는 가화인(家和人)이 되어야 한다.

마지막으로 인화인(人和人)이 되는 것이다. 나는 인생의 주인공이요, 운명의 주인이다. 남이 내 인생을 대신 살 수 없고 내가 남의 인생을 살아줄 수 없다. 인생은 스스로 타개해야 한다. 나의 존재는 일개인지만 남편으로서, 아버지로서, 친구로서, 직장인으로서, 사회인으로서, 여러 사람들과 만나고 교류하면서 산다. 타인과 교류할 때는 화(和)를 바탕으로 원만한 인간관계를 유지해야 한다. 화목한 관계를 유지하지 못하는 것은 무능이요, 무책임이요, 과실이다. 인자한 사람에겐 적이 없듯이 너그럽고 관대하며 온화한 얼굴을 지닌 사람이 되어야 한다. 부드럽고 인자한 인상을 심어두면 훗날 어느 곳에서 조우하게 될 때 다시 정답고 웃는 낯으로 금세 친숙해진다. 봄바람처럼 부드럽고 온화하며 신뢰와 화를 얼굴에 지니도록 노력해야 한다. 상대방으로부터 신(信)과 화(和)를 얻을 수 있는 지름길이다. 심화인(心和人), 가화인(家和人), 인화인(人和人)이 되어 평화롭고 온화하고 복된 인생을 엮어 가자.

어버이 날

어버이날이다. 기다려지는 날이다. 어버이날을 지정한 것은 세상 밝은 빛을 보게 하여 돌보아준 부모의 은혜를 생각하고 효도를 다하라는 의미일 것이다. 유교 사상은 효행(孝行)의 기초 다섯 가지를 말하고 있다. 낙기심(樂其心)은 부모님께 근심걱정 끼치지 말고 늘 마음을 편안하고 즐겁게 잘 모시라는 의미다. 불원기지(不遠其志)는 부모의 마음과 뜻을 미리 잘 헤아려서 잘 받들라는 뜻이며, 낙기이목(樂其耳目)은 부모와 대화 시 양손한 말과 온화한 태도와 안색을 지녀야 된다는 뜻이다. 안기침처(安其寢處)는 잠자리와 거소를 항상 편안하게 보살펴드리라는 의미이며 의기음식충양지(以其飮食忠養之)라 해서 부모님의 좋아하는 음식을 정성껏 만들어 봉양해 드리라는 말이다. 효행(孝行))의 기초는 어버이를 잘 섬기고 근심걱정 없게 편안하게 모시라는 메시지다.

해마다 돌아오는 어버이날이면 자식과 귀여운 손자들이 달아주는 카네이션을 가슴에 달고 선물도 받고 식사대접을 받는다. 만수무강을 비는 정성어린 마음을 받는다. 해마다 이런 마음을 접하면서 자손들이 늘 고맙다는 생각이다.

한편으로 생각해보면 자식이 없는 어버이와 모셔야 할 어버이가 없는 자식은 어버이날이 어쩌면 서글프고 외롭지 않을까 하여 안타깝다. 이 분들에게 위안의 메시지를 전하고 싶다. 나 또한 어버이날이 마냥 즐겁지만은 않다. 마음 한 구석 편치 않은 슬픔을 지니고 있다. 내 나이 고희를 넘기긴 했지만 섬겨야 할 부모님은 한 분도 생존해 계시지 않아서이다.

아버지는 내가 열두 살이었던 1948년, 서른일곱의 나이로 돌아가셨다. 어머니는 내가 마흔 세 살이었던 1979년에 일흔을 일기로 세상을 떠나셨다. 어머니는 좀 늦게 돌아가셨기 때문에 어버이날이면 모실 수 있었지만, 내가 어려서 돌아가신 아버지에게는 효도할 기회는 가질 수 없었다. 부모님을 잘 모시고 섬겼어야 했는데 항상 죄스럽고 마음이 무겁다. 1940년대에는 어버이날이 아직 지정되지 않았던 시대이기도 했다. 어버이날은 원래 어머니날로 지정되었으나 아버지의 역할을 인정하고 자못 서운한 감정을 달래고자 1973년부터는 어버이날로 바꾸어 오늘에 이르고 있다.

해마다 어버이날이면 이른 아침에 부모님 산소를 찾는다. 십여 년을 그렇게 해왔다. 죄를 사하고자 하는 고해성사처럼 늦게 깨우친 자식이 할 수 있는 도리인 것 같다. 카네이션 한 송이를 꽂아드리고 주과를 부모님께 올린다. 오늘은 어버이날이라고 말씀드리며 명복을 빌어드린다. 이런 일과가 어버이날 공식 일정이 된지 십 수 년이 됐다. 이 세상에 나란 존재를 있게 하고 탈 없이 키워준 부모의 은혜를 기리지 못하면서 자손에게 대접받을 수 있을까 하는 가책에서 산소를 찾기 시작하였다. 그래야 어버이날 하루가 편안하고 부모님에 대한 마음의 부담을 조금이나마 덜 수 있는 것 같다.

이조시대 송강 정철은 부모에 대한 섬김을 다 못한 심정을 시조로 읊었다. "어버이 살아 실제 섬길일란 다하여라. 지나간 후면 애달프다 어이하리. 평생에 고쳐 못할 일이 이뿐인가 하노라." 부모가 살아계실 때 한 끼의 식사라도 정성으로 모셔야 한다. 마음에서 우러나와야 한다. 맹자는 말했다. "어버이를 섬기고자 하니 기다려주지 않는다." '있을 때 잘해' 하며 다그치는 노래도 있지 않은가! 마음속으로 곱씹어보자. "존경함에 있어 아버지보다 더 한 사람 없고 의지함에 있어 어머니보다 더 한 사람 없다. 때문에 아버지를 여의는 것은 일생을 두고 외로우며 어머니를 여의면 일생을 두고 슬프다." 시경(詩經)에 나오는 글귀다.

자식에 대한 아버지 사랑은 힘과 일을 상징하고, 어머니 사랑은 정을 상징한다. 자식은 어머니의 사랑과 아버지의 용기를 합한 덕(德)을 바탕으로 건전한 인격을 형성하게 된다. 이러한 부모의 정신과 사랑을 받으면서 성장하는 게 자식이다. 그래서 부모는 존경받을 만한 거룩하고 고귀한 존재다.

하지만 작금에 벌어지고 있는 일부 사회현상을 보면 부모에 대한 자식들 생각은 엷어지고 관심 또한 멀어지는 것 같다. 무관심하다 못해 부모를 업신여기는 경시풍조 현상을 자주 목견한다. 마음이 아프다. 어버이날에는 부모에 대해 다시 한 번 생각해보는 계기를 가졌으면 하는 바람이다. 부모의 은혜를 만분의 일이라도 마음으로 표현할 줄 아는 자식이 되고, 감사한 마음을 늘 지니는 효인(孝人)이 절실하다. 풍수지탄(風樹之嘆) 할 때면 이미 늦다.

창밖을 바라보며

오은순

뜰 앞에 가랑비가
내리는데
남쪽 하늘엔
초생 달과 별 하나가 떠있네
달과 별은
나를 보고
웃으며 살다
가라하네

반가운 소식

핵가족 시대가 대중화된 오늘에 비추어보면 30여 년 전만 해도 대부분의 가정은 조부모에서 손자, 손녀까지 삼대(三代)가 같이 생활하는 대가족이 대세였다. 할머니와 할아버지는 손자, 손녀가 귀엽게 성장하는 모습을 곁에서 지켜보고 기쁨을 나눌 수 있었기 때문에 자손에 대한 그리움은 오늘날 세대만큼 크지는 않았다. 요즈음은 많은 변화가 있다. 60세 이하가 가장인 가정의 대부분은 핵가족으로 살고 있으며 조부모와는 따로 거주하고 있다. 덩달아 조부모가 손자, 손녀와 어울릴 기회도 많이 줄었다. 제주도 내에 살고 있는 손자, 손녀들은 한 달에 한두 번 정도는 볼 수 있어서 그나마 다행이지만, 육지부에 거주하고 있는 손녀들은 명절을 제외하면 얼굴 보기가 힘들다. 설날과 추석, 가끔씩은 방학을 포함하면 두세 번이 고작이다. 고향에 살고 있는 할머니, 할아버지는 늘 손자, 손녀가 보고 싶고, 안아보고 싶고, 그리워한다. 용돈 달라고 하는 자식의 요구를 부모는 거절할 수 있어도 용돈 달라고 떼쓰는 손자, 손녀를 할아버지, 할머니가 모른 체하기는 힘들다. 할아버지, 할머니의 마음이요, 사랑이다.

요즈음은 첨단 휴대폰과 인터넷이 대중화된 시대에 살고 있어서 얼굴을 보며 통화할 수 있고, 시간과 장소에 구애받지 않는다. 첨단 기술은 일상생활의 구석구석까지 많은 변화를 가져다주었다. 개인적으로 달갑지 않은 한 가지가 편지를 주고받는 생활이 많이 줄었다는 점이다. 애환을 담은 자신의 필체로 전하기보다는 컴퓨터 자판이나 휴대폰의 선택해준 모양 좋은 글씨체로 소식을 짧게 주고받는다. 우편으로 전하는 편지나 소식에는 구두로 이야기할 수 없는 내용을 담을 수 있다. 마음에 담았던 속사정과 진실을 스스럼없이 표현할 수 있다. 자신의 필체로 정성과 사랑을 담아 보낸다는 면에서 이메일과 전화보다는 훨씬 사람 냄새가 나고 가치가 크다는 생각이다.

우편으로 오는 소식이나 편지를 우편배달부로부터 전해 받거나 편지함에 꽂혀있던 편지를 집는다. 봉투를 개봉할 때면 설렘이 늘 자리한다. 편지를 부친 사람의 소식과 정성담긴 사연들은 한 구절, 한 구절 침묵으로 읽어보며 감상한다. 그 순간은 행복하고 즐겁다.

2001년부터인가 나영, 혜영, 현정 세 손녀와 소식을 주고받으며 노년의 기쁨과 즐거움을 맛보고 있다. 1년에 네 차례는 빠지지 않고 세 손녀에게 사랑의 편지를 보낸다. 손녀의 생일, 어린이날, 크리스마스, 고학년으로 올라갔을 때이다. 때를 잊지 않고 격려와 사랑을 담은 편지를 보내면 손녀들은 깨알 같은 정성이 담긴 답신을 보내온다. 이 밖에도 우등상, 선행상, 모범상, 학과시험에 만점을 받았을 때, 반장이나 부반장 직책을 맡았을 때는 축하와 격려를 한다는 의미에서 보너스 만 원씩을 편지 속에 넣어 보낸다. 때 되면 보내는 편지는 안부인사로 여겨 고마운 생각에 그치지만, 돈 만원을 넣고 보낸 편지를 받을 때면 손녀들은 너무 기뻐 어쩔 줄 몰라 한다는 게 며느리들의 전언이다. 앞으로 공부를 더욱 열심히 하여 할아버지로부터 보너스를 받고자 하는 동기부여를 하고, 엄마아빠가 공부하라고 재촉하지 않아도 스스로 정진하고 노력하고 있다는 말을 들으면 흐뭇하다.

조손간에 즐거운 편지를 주고받으며 손녀들은 스스로 공부를 열심히 하고, 편지를 써보며 글씨도 다듬을 수 있으며, 문장력도 더불어 향상시킬 수 있어 일거삼득이다. 손녀가 보낸 편지를 읽고 난 후에는 항상 스크랩을 해둔다. 초등학교 일학년에서 5학년까지의 편지들을 비교해보면 손녀의 글씨나 생각이 날로 향상되는 모습을 본다. 손녀들이 대견스럽고 자랑스럽다. 귀엽고 더욱더 사랑하지 않을 수가 없다. 더욱이 새해맞이, 어버이날, 할머니, 할아버지 생일에는 세 손녀로부터 정성이 담긴 편지가 어김없이 날아오니 마음 또한 날아갈 것 같다. "할머니, 할아버지 만수무강 하십시오" 하고 안녕을 빌어준다. 답신을 잊지 않고 보내준다. 손녀들이 성장하여 결혼할 때까지 손녀들과 즐거운 소식과 사랑의 편지를 주고받고자 한다. 이게 노년의 보람이요 소중한 여가다. 오! 나의 사랑 손녀들이여! 항상 건강하고 예쁘게 잘 자라주기를 바라면서.

시례지훈(詩禮之訓)

우리네 삶은 임중도원(任重道遠)이다. 사람은 세상에 태어나면서 무거운 짐을 지고 먼 길을 걷는 나그네인 것이다. 내 삶이 그러한 것 같다. 초등학교, 중학교, 고등학교의 어린 시절을 거치고, 사회에 나와 군대, 공직자 생활을 마치고 오늘에 이르기까지 나는 나그네였다. 어려웠던 시절이 있었고 고통스러웠던 때가 있었다. 배고팠던 시절이 있었고 힘들었던 때도 있었다. 산전수전이었다. 청소년기는 삶을 준비했고, 청년시절에는 뒤돌아보지 않고 삶에 부대꼈다. 중년에는 성숙한 자세로 공무원 생활을 했고, 노년이 된 지금은 지나온 삶에 대해 회고하며 보내고 있다. 경제적 여유는 없어 가난했지만 한 점 부끄럼 없이 안빈낙도(安貧樂道)의 길을 걸으며 살아왔다고 자부한다.

어렸을 적 우리 집은 가난했다. 가난해서 남들과 같이 대학교 문을 밟아 볼 수 없었다. 최종학력은 고졸이다. 하지만 이렇게 마음을 다지며 새롭게 삶을 개척해 나갔다. "대학교를 졸업한다고 해서, 고학력자가 된다고 해서 인생의 성공을 늘 담보한다고는 말할 수 없어"

동기부여를 하며 독학을 시작했다. 다양한 서적을 읽으면서 배우고 열심히 공부했다. 꾸준히 노력한 덕분에 지방공무원 공채시험에 무사히 합격했다. 그래서 내 업이 된 게 공무원 생활이었다. 지방공무원을 시작한 지 10년 후에는 중앙에서 실시하는 행정사무관 고시에 합격했다. 영광이었다. 그래서 40여 년을 공무원으로 제주 지역사회에 봉사할 수 있었다. 성산읍, 서귀읍, 남제주군, 서귀포시, 제주시, 제주도청 거치지 않은 곳이 없다. 일생을 바친 공무원 생활을 나는 늘 명예롭게 생각한다. 녹조근정훈장은 명예의 징표이기도 하겠다.

나에게는 세 아들과 딸 하나가 있다. 무사히 잘 자라주었고, 입에 풀칠 할 정도의 직장도 모두 갖고 있다. 결혼도 하여 독자적인 가정을 만들고 행복하고 건강한 삶을 영위하고 있다. 아버지란 존재는 살아온 인생과 경륜을 바탕으로 자식에게 언제나 모범이 되고 올바른 가르침을 줘야 하는데 정작 그렇게 살아오지 못했다. 자식들 앞에선 미안하고 때론 죄스런 느낌이 든다. 70이 넘은 노년기에 접어들면서는 얼마나 남았는지 불확실한 여생 동안 자식에게 무엇을 주고 남겨야 할 것인가를 줄곧 생각하고 고민해 왔다. 돈을 모아 둔 것도 아니고, 재산도 쌓아둔 게 없으니 무엇 하나 자식에게 물려줄 만한 게 마땅치 않다. 아무것도 없는 빈털터리 노인이며 아버지다. 이제 와서 무능 무지했던 과거의 생활사를 탓할 수도 없고 후회해본들 무슨 소용이 있으랴. 생각다 못한 끝에 자식들에게 줄 돈과 재산은 없으나 내 삶의 철학이 담긴 고사성어(故事成語)를 한 가지씩 선물해주고 싶다. 서투른 서예솜씨지만 네 개를 선택하여 화선지에 옮겨놓았다.

어릴 때부터 착하고 곱게 자라온 딸 명희에게는 그 모습 그대로를 끝까지 지키라는 뜻에서 '선시선종(善始善終)' 이라는 말을 남겨주고 싶다. 늘 성실하고 부지런하여 남다른 노력파이고 박사학위를 받고 교수직에 있는 장남 형일에게는 항상 몸과 마음을 깨끗이 지니라는 의미에서 '청정심신(淸淨心身)' 이란 성어를 주고 싶다. 어릴 때부터 꾀가 많고 손재주가 뛰어났고 대학에서 전자전기학을 전공하여 국내 굴지의 그룹과 벤처 기업에서 상임 이사직과 기술연구개발소장직을 두루 거치면서 기업경영을 하고 있는 차남 형민에게는 이익을 보면 먼저 옳은 일인가를 생각하라는 뜻에서 '견리사의(見利思義)' 라는 교훈을 주고 싶다. 어릴 때부터 영특하고 영리하였으며 대학에서 언론학 박사학위를 받고 언론학 교수로 재직 중인 막내 형구에게는 큰길을 걸어야 하고 바른길을 걸어야 하고 떳떳한 길을 걸어야 한다는 뜻에서 '대도(大道), 정도(正道), 상도(常道)' 의 삼도(三道)를 시례지훈으로 내려주고 싶다.

미국 속담에 'no sweat no sweet' 이란 말이 있다. 땀이 없으면 기쁨이 없다는 말이다. 중국 속담에도 '인생의 희망은 근면이 정한다' 고 한다. 자신의 문제는 자신의 힘으로 해결하고 스스로 일어나 자신을 완성시키는 자아실현인(自我實現人), 자기완성인(自己完成人)이 됐으면 하는 바람이다. 아버지가 자식에게 남기는 시례지훈(詩禮之訓)을 금과옥조(金科玉條)처럼 받들라고 하고 싶지는 않다. 그래도 가끔씩 펼쳐보며 아버지보다는 나은 인생을 엮어 나갔으면 하는 마음 간절하다.[2)]

각주 [2)]

2007년, 아들, 딸에게 주는 아버지의 교훈

명당(明堂) 자리

명당(明堂) 하면 죽은 사람들의 묏자리를 우선 연상하게 된다. 원래는 천자(天子)가 군신(君臣)의 배하(拜賀)를 받던 장소를 명당(明堂)이라 일컫는 데서 유래되었다. 국어사전을 보면 명당(明堂)이란 말은 세 가지 뜻을 담고 있다. 아주 좋은 묏자리가 첫째이고, 무덤 앞에 있는 평지(平地)가 둘째이고, 임금이 조현(朝見)을 받는 정전(正殿)이 세 번째 뜻이다. 명당(明堂)은 한자어로도 그 뜻을 어림짐작할 수 있다. 명(明)은 밝은 명자로 해와 달이 뭉쳐 밝음을 뜻한다. 당(堂)은 집 당자이다. 작을 소(小)자와 민갓머리 변에 입구(口)와 흙 토(土)자를 합한 한자로 대청 당, 전당, 서당, 강당, 성할 당 등을 의미한다. 해와 달빛이 잘 비치는 양지바른 전당이란 뜻으로도 풀이할 수 있다.

밝을 명(明)자가 붙는 한자어들을 살펴보면 밝고 좋은 어휘가 많다. 밝고 맑은 것을 명랑(明朗)이라 하고, 밝은 의견을 명견(明見)이라 한다. 총명한 지혜를 명지(明智)라 하고, 밝고 똑똑한 것을 명석(明晳)이라 한다. 매우 확실한 것은 명확(明確)이라 한다.

명당(明堂)이란 말은 돌아가신 분을 매장하는 장소를 일컬을 때만 사용하는 한자어가 아니다. 일상생활에서도 우리는 명당이란 말을 사용할 때가 많다. 집을 지을 때를 생각해보자. 동쪽으로 향한 집은 한여름 오후에는 덥다. 북쪽으로 향한 집은 겨울에 춥고 여름에 덥다. 남쪽으로 향한 집은 여름에 시원하고 겨울에 따뜻하다. 이런 연유에서 집을 새로 지을 때나 또는 전세임대를 할 때 가급적이면 남쪽으로 향한 집터와 집을 명당으로 여기고 선호한다. 산과 들에 나들이 갈 때도 여름에는 더위를 피할 수 있는 나무그늘이 명당자리가 되고, 겨울에는 추위를 녹일 수 있는 햇볕 잘 드는 양지 바른 곳이 명당자리이다. 이처럼 묏자리를 택할 때에도, 일상생활에서도 우리는 늘 명당자리를 찾는다.

풍수지리학에서의 명당은 음(陰)과 양(陽)의 오행사상(五行思想)에 근거하고 있다. 부모의 유해를 잘 모시라는 효도사상이 그 본질이다. 명당(明堂)이란 풍수지리의 정기가 모인 자리 즉 혈(穴)을 말하고 있다. 혈이 묘지인 경우에는 무덤 앞을 말하며, 집터인 경우에는 주 건물 앞마당을 말하고 있다. 청룡(靑龍)과 백호(白虎)가 양쪽으로 둘러쌓은 곳을 말한다. 혈이 남쪽으로 향한 곳이라면, 청룡(靑龍)은 혈 뒤에서 동쪽을 두르고 혈 서쪽에서 그치는 산맥 즉 주산에서 갈라진 왼쪽을 지키는 수호신을 말한다. 백호(白虎)는 혈 뒤에서 서쪽을 두르고 혈 동쪽에서 그치는 산맥 즉 주산에서 갈라진 오른쪽의 산맥을 지키는 수호신을 말한다. 좌청룡우백호(左靑龍右白虎)라고 부르는 이유가 여기에 있다.

명당자리의 토질은 사세가 한곳에 모이고 앞으로는 물을 만나 지기(地氣)를 멈추게 하고, 사람이 누울 수 있을 만한 너비에 봉분을 쌓을 수 있는 곳이면 좋은 자리다. 명당자리는 토질(土質)도 갖추어야 한다. 바윗덩어리 위에서 사람이 누울 수 있을 만큼 흙이 나오고, 그 흙만 긁어내어 관이 놓일 수 있는 자리라면 명당으로 손색이 없다. 관중 속의 토질은 황색, 흑색, 백색, 적색, 청색 등 오색이 나와야하며 영롱하고 윤택하여야 된다. 이러한 곳에 조상의 묘를 정성껏 모시면 자손들은 번영하고 성공한다고 돼있다. 하지만 풍수지리학으로 명당자리를 풀어내는 것은 과학적으로 입증할 수 없어 사실로 믿기 어려운 점도 많다.

풍수지리학은 고대 중국의 동양철학에서 기인된 것이다. 진나라 시대 주선도(朱仙桃)라는 역학자가 산수기(山水記)라는 책에서 명당자리 비법을 밝힌 데서부터 유래 되었다. 처음에는 왕실에서만 활용하다가 당나라 말기에 와서 일반인에게도 널리 사용되었다고 한다. 우리나라에는 삼국시대에 와서 널리 전파되었으며, 풍수지리 학자들이 많이 등장하여 이때부터 묘지뿐만 아니라 궁궐터, 성곽집터, 사찰부지 회사설립부지, 집터 부지를 정하는 명당자리 비법을 담은 저술서가 나타난다. 풍수에 관한 제반 연구도 활발해졌다.

명당자리는 부모조상을 위한 효양의 마음에서 자연스럽게 우러나와야 한다. 행여 타산적이거나 이기심을 앞세워 자손들이 부귀영화를 누리겠다는 과욕은 어불성설이다. 조상의 뼈를 팔아먹는 격이 되어서는 안 된다. 조상을 잘 모셔야 편안하다는 안도감과 효심에서 우러나와야 마음의 평안과 행복을 가져야 하지 않을까 생각한다. 요즈음은 화장을 하여 납골당에 모시는 경우가 많다. 개인 혹은 친족 별로 공설공원묘지를 조성하여 집단적으로 묘를 모시는 경우도 점차 많아지고 있다. 이러한 추세 때문인지 풍수지리를 근거하여 명당 묏자리를 찾는 일은 줄어들고 주변에서도 찾아보기 힘들다.

우리는 이제 눈을 안으로 돌려 마음속의 명당자리를 찾아야 한다. 남쪽으로 향하면 해와 달빛 잘 드는 것처럼 구석구석이 어둡지 않고 명랑한 마음의 자리가 바로 명당이다. 조용하나 스산하지 않고 주위 환경이 깨끗하여 정신이 맑은 그 자리가 명당이다. 사람들이 쉽게 드나들 수 있게 교통이 편리한 곳처럼 닫히지 않고 누구에게나 열려 있는 속 넓은 마음이 바로 명당이다.

5장

과(過)의 노예와 양심

사진 : 성산일출봉 _ 강형구

늙은 青청 春춘

대화(對話)

인생을 살고 하루하루 생활하는 것은 대화로 이루어진다. 대화는 서로 마주하며 나누는 이야기다. 대화는 나눌 상대가 있어야 이루어진다. 상대의 말을 듣고 나의 이야기를 마주한 상대가 들어주는 쌍방통행이 진실한 대화의 요소라고 할 수 있다. 내가 말을 하는데 듣는 사람이 없고, 누군가 말을 하는데 들으려 하지 않는다면 진정한 의미의 대화라 할 수가 없다.

대화가 없거나 부족하면 생기는 게 오해다. 비극적인 사건도 따지고 보면 대화의 단절에서 비롯된다. 외로움은 대화를 나눌 상대의 부재 혹은 대화의 통로가 막혀 드는 감정이다. 대화가 잘 이루어지면 얘기는 달라진다. 대화가 충만하면 사랑이 참되고, 대화가 진지하면 우정이 참되다. 부모와 자식 간의 사랑과 존경, 형제간의 끈끈한 우애도 진솔한 대화에서 얻을 수 있다. 국제문제, 외교관계도 진솔하고 신뢰를 토대로 대화가 이루어져야 국익이 되고 당면 문제를 풀어낼 수 있다. 모든 일이 잘 이루어지고 알찬 성과를 얻을 수 있는 지름길은 성숙한 대화가 그 출발점이다.

민주주의 사회는 국민을 주인으로 섬기고, 자유로운 표현을 보장함으로써 대화를 자유롭게 누릴 수 있는 체제이다. 독재정권이 지배하는 사회의 특징 중에 하나는 대화의 단절이다. 권력에서 배달하는 일방적인 메시지가 있을 뿐이다. 대화를 이끌고 대화의 분위기를 조성할 수 있는 사람만이 민주주의를 누릴 자격이 있다. 독선은 대화의 적이며, 아집은 대화의 암이다. 편견은 대화의 벽이요. 맹신은 대화의 독이다. 우리나라는 민주주의 체제를 사회의 근간으로 하면서도 대화가 낯설고 대화하는 문화가 아직 정착되지 않았다. 흔히 우리 사회는 말은 많아도 대화는 적다고 한다. 민주주의를 실현하는 근간은 서로 대화하는 것이며 대화를 정착시키는 데 달려 있다.

진솔하고 성숙된 대화를 하려면 세 가지가 필요하다. 첫째, 개심간(開心肝)이다. 개심간은 마음속의 문을 활짝 여는 것이다. 마음속의 문을 닫으면 대화가 이루어지지 않는다. 대화의 기회조차 만들 수 없다. 개심견성(開心見成)이라 했다. 마음의 문을 활짝 열어야 참된 진실을 볼 수 있다는 옛말이다. 하지만 현실은 그렇지 못하다. 대화가 필요할 때 마음의 문은 정작 닫아버리는 사람이 주변에 흔하다. 대화에 익숙하지 못한 사람의 성격을 보면 보통은 독선적이고 이기적이며, 편협하고, 고집불통이고, 교만하다. 마음의 문을 활짝 열고, 대화를 잘하는 사람은 성미가 좀더 너그럽고 관대하며, 이해심 많고 도울 때 적극적이며 개방적이다. 마음의 문을 활짝 열어 맑고 시원한 공기를 채우고 폭넓은 대화를 통해 진솔한 삶을 엮어가자.

둘째는 역지사지(易地思之)다. 역지사지란 처지를 바꾸어서 남의 입장에서 일을 생각하는 마음자세다. 상대의 입장에서 세상을 바라보고, 상대의 주장과 생각을 배려한다면 대화는 원만하게 이루어진다. 내 생각과 주장은 항상 옳고 상대의 의견을 받아들이지 않는 독선적인 사고방식은 민주주의에 해가 되기 쉽다. 정치권을 보면 여당과 야당 할 것 없이 자당의 정책만 옳다고 생떼를 쓰는 독선이 판친다. 후진국에서도 볼 수 없는 졸렬한 행위다. 성숙하고도 원만한 대화가 이루어지려면 상대방의 인격을 존중해주고 상대방의 생각과 주장도 긍정적으로 받아드릴 수 있는 폭넓은 역지사지의 자세가 되어야 한다.

셋째는 경청(傾聽)이다. 경청이란 상대가 하는 말에 귀 기울이고 주의 깊게 잘 듣는 것을 말한다. 우리는 상대가 하는 말을 관심을 두고 귀 기울여야 한다. 귀 기울이면 모르던 것을 알게 되고 오해가 풀려 이해하게 된다. 부정에서 긍정적 사고로 전환될 수 있는 기회는 대화의 단초인 경청에서 얻을 수 있다. 이해하려면 상대가 하는 말을 열심히 잘 들어야 한다. 부모의 얘기는 자식이 잘 듣고 자식의 하는 얘기도 부모가 잘 들어야 한다. 스승이 하는 말은 학생이 잘 들어야 하고, 학생이 하는 얘기도 스승이 새겨들으면 가르침에 도움이 된다. 위정자는 국민의 소리를 잘 들어야 공신력을 잃지 않고 나라를 잘 다스릴 수 있다. 남의 말을 기꺼이 듣고 받아들이려는 자세로 부터 옳고 그름을 판단하는 능력이 생긴다. 경청을 잘한다는 것은 슬기로운 아량이다. 인간이 지닐 수 있는 덕 중에서도 으뜸이다.

대화는 진솔해야 한다. 신뢰가 바탕이 돼야 원만하고 성숙한 대화가 지속된다. 그래야 오해가 불식되고 이해를 낳는다. 결과적으로 대화가 되면 화목할 수 있고 화목은 행복을 엮어낸다. 대화의 소중함이 여기 있다.

인생 길

오은순

늙어가는 게
서럽지 않고
죽는 게
서럽지 않다
병들어 가는
내 몸이 서럽구나.

칼과 자유

칼은 일상생활에서 유용하게 쓰이는 필수도구다. 사전 뜻을 빌리면 베고 썰고 하는 연장을 말한다. 도(刀)는 칼도로 일반적인 칼을 말하고 검(劍)은 길고 큰 칼을 말하는데 소총의 모리에 끼우는 뾰족한 부분을 가리킬 때 쓰이기도 한다. 또한 칼감이란 말이 있는데 성질이 아주 포악하고 모진 사람을 말한다. 칼날과 같이 성격이 날카롭다는 뜻이다.

칼은 종류에 따라 주어진 용도로 활용되며 일상에서 다양한 역할을 하고 있다. 대부분 선의 역할을 하는 주도구이지만 때로는 악의 도구가 된다. 창조의 도구이지만 파괴의 무기도 된다. 칼이 주는 도움은 크다. 의사에게 칼은 병을 고치고 목숨을 살리는 필수도구이다. 목수에게는 창조와 건설의 의미다. 농부는 농작물을 다듬고 수확하는 데 쓰고, 어부는 고기를 장만하는 데 쓴다. 주부와 요리사는 음식 재료를 다듬고, 맛깔스런 요리를 만드는 데 쓴다. 하지만 칼은 나쁘게 쓰일 때도 많다. 강도나 도둑이 칼을 손에 쥐면 상대방을 해칠 의

도를 갖고 있다. 공갈과 협박의 무기도 되고 파괴의 무기도 된다. 칼은 원래 선한 것인데 돌변하면 악의 역할을 맡아 공포의 대상이 되기도 한다. 칼은 쓰는 자의 의지와 선택, 행동에 따라 선한 것이 되기도 하고 악한 것이 되기 때문이다. 칼의 쓰임새는 선택에 달려 있다. 올바른 선택을 하면 발전하고 행복할 것이고 잘못된 선택을 하면 타락과 불행을 자초하게 될 것이다. 올바른 선택을 하려면 강한 의지와 용기, 양심과 극기력이 있어야 한다.

자유는 칼과 같다. 자유도 이를 누리는 사람의 의지와, 선택과 행동에 따라 긍정의 요소가 되기도 하고, 부정의 요소가 되기도 한다. 선용과 남용, 활용과 악용에 따라서 자유는 행복과 발전의 근원이 되기도 하고 부패와 타락이라는 불행 요인이 되기도 한다. 자유는 자율이요, 자위요, 자제다. 어떤 행동이 법에 위배되고 남에게 해를 끼칠 수 있는 잠재성이 있으면, 도리에 어긋나면 행동을 중지하고 자제해야 한다. 이것이 곧 진정한 자유다. 이성의 힘으로 스스로를 통제할 수 있는 자치 능력의 소유자가 진정한 자유인이라고 하였다.

철학자 칸트는 "남의 자유를 방해하지 않으면서 내 자유를 누리는 게 자유의 법칙"이라고 했다. 나의 자유가 중요하고 소중한 만큼 남의 자유도 소중하고 중요하다. 자유의 결핍은 독재고, 자유의 범람은 무질서다. 자유는 위대하지만 결코 만능은 아니다. 질서가 없는 자유, 의무를 포기한 자유는 파멸과 종말이다. 인간은 누구나 구속을 싫어하고 억압을 바라지 않는다. 자유의 공기를 마음껏 마시면서 살기 원한다. 자유는 외적 속박, 외적 강제가 없는 것이다.

미국 정치인 패트릭 헨리는 외쳤다. "나에게 자유를 달라. 그렇지 않으면 죽음을 달라!" 내 자유를 누가 침범해서도 안 되며, 타인이 누리는 자유를 훼방 놓아도 안 된다. 자유는 마음대로 선택할 수 있다는 뜻이다. 선택이 없으면 자유가 없고, 자유가 없으면 선택할 수 없다. 자유는 곧 선택이다.

자유를 남용하면 악이고, 자유를 올바르게 활용하면 선이다. 자유를 선용하지 않고 악용하는 자유는 불행의 씨앗이다. 자유는 부패하기 쉽고, 방종하기 쉽고, 남용하기 쉽다. 우리는 자유세계로 규정된 공동체에 살고 있는 자유인이다. 그래서 자유를 지혜롭게 관리하고 선용하도록 할 책임과 의무가 있다.

과(過)의 노예와 양심

근간 우리사회에서 벌어지고 있는 현상들을 눈여겨보게 된다. 신문, 텔레비전, 라디오에서 읽고, 보고, 들리는 뉴스에는 건설적이고 희망에 찬 밝은 소식은 드물다. 외려 살인, 강도, 절도, 납치, 사기, 협박, 뇌물공여 등 부정부패와 사회악을 담은 소식들이 즐비하다. 걱정스럽고 통탄하지 않을 수가 없다. 사회악의 근본원인은 마음에 기본적인 양심이 부재하고 과욕에서부터 파생되는 게 아닌가 하는 생각이다.

양심(良心)의 사전적 정의를 보면 사물의 선악(善惡) 정사를 판단하고 명령하는 능력과 도덕적 의식이라 쓰여 있다. 양심은 사람의 격을 세워주는 엄격한 이성적인 판단이요, 명령이다. 살아가면서 타인(他人)을 속일 수 있을는지는 몰라도 자신의 마음에 내재되어 있는 양심을 속일 수는 없다. 자신은 선과 악을 분명하게 구분하면서도 과욕에 넘치다보니 악을 자행하고 있는 것이다. 철학자 칸트는 양심은 내적법정(內的法廷)이라고 했다. 양심은 사람의 마음에 자리하고 있는 법원이요. 재판관이다.

양심은 착한 마음이다. 올바른 길을 걷게 하는 제동장치요, 두뇌의 명령이다. 착함과 악한 일을 구별하여 선을 장려 해주는 명령인 동시에 악에는 강한 제동을 걸어주는 경고 장치다. 양심의 순리대로 선을 택하면 정의가 있고 기쁨과 만족을 얻을 수 있다. 악을 택하면 마음이 불안하다. 심적 고통이 크다. 사건 사고가 속출하고 부정부패가 창궐하기 쉽다. 양심에 제동장치가 없다면 어땠을까? 사회의 기본질서가 무너지고 정의가 박탈당하기 쉽다. 세상이 무법천지로 변하고, 짐승처럼 약육강식의 판치는 곳으로 전락되고 말 것이다. 양심은 교통신호등이다. 파란불과 빨간불을 드나들며 가라는 신호도 하고 멈추라는 명령을 내리기도 한다. 그렇게 교통을 원활하게 하고 안전을 도모한다.

아침마다 우리는 거울을 보며 머리 모양이 헝클어지고 옷차림이 단정치 못할 때는 바로 고쳐 매무새를 곱게 한다. 마음의 내심행동도 바르고 선명치 못하다고 생각될 때에는 거울을 보는 것처럼 심경 양심의 명령으로 바르게 고칠 수 있는 정신과 용기가 필요하다. 사람들 대부분은 하는 일에 양심의 가책을 받게 되면 스스로 뉘우치며 행동을 멈추곤 한다. 이것이 사람답고 인격을 가진 양심인으로서 지녀야 할 바른 자세이다. 양심은 사람을 사람답게 만드는 원동력이며 기본 원리다.

그래서 사람은 과욕을 버리고 과(過)의 노예가 되지 말아야 한다. 과욕은 비리와 무리를 낳는다. 비리와 무리는 파멸과 불행과 죽음을 가져오기도 한다. 과(過)는 지나침이요, 과실이라고도 한다. 과식하면 배탈이 나서 몸이 못 견뎌 한다. 과음하면 시쳇말로 필름이 끊기기도 하고 실수하기 쉽다. 과속하면 사고가 발생하여 귀중한 생명을 잃거나 부상당하게 된다. 과열하면 화재가 발생하여 생명과 재산을 잃게 된다. 과로하면 피곤하여 병이 생기기 쉽다. 자식을 과잉보호하면 연약해지기 쉽다. 분에 넘친 지나친 사업 확장은 부도날 가능성이 많다. 농수산물을 과잉생산하면 제값을 받지 못한다. 모든 일에 지나친 과욕은 불행과 파멸을 가져온다. 과(過)자가 붙은 단어는 신통한 말이 없는 것 같다.

과욕은 소아(小我)의 소리요, 양심은 대아(大我)의 소리다. 욕심은 나만 챙기려는 마음이요, 양심은 나와 함께 여러 사람을 생각하는 마음이다. 중국 송나라 때 왕양명이 한 말이다. 욕심을 부리는 과(過)의 노예가 되지 말고 양심인의 주체가 되어야 한다. 올바르게 산다는 것은 참된 마음가짐으로 시작된다. 거짓부렁이 없는 양심을 갖고 불의에 전염되지 않도록 어려움에 도전해 나아가는 것이다. 거울에 뽀얗게 먼지가 내려 앉아있으면 뿌예져서 얼굴과 사물을 선명하게 볼 수 없다. 마음속에 지나친 욕망과 악의적인 생각이 생기게 되면 내심은 더러워지고 혼탁해지기 마련이다. 티끌만치도 가책이 없고 떳떳하고 솔직하고 자신감 넘치는 당당한 마음이 바로 양심이다.

후대를 양성하는 백년대계 교육도 양심적 인간을 창출해 내지 못하면 실패한 교육이요, 성과 없는 교육이다. 교육은 항상 참의 편에 서서 말하는 것이어야 한다. 진실 편에 서서 행동하고, 정의 편에 서서 생활하는 참모습을 보여주는 게 올바른 교육이다. 무지(無知)에 대해서는 지혜로 도전하고 악의(惡意)에 대해서는 선의로 도전하고 허위에 대해서는 진실로 도전하고 과욕에 대해서는 양심으로 도전하라는 옛 성인의 말씀이 있다. 끊임없는 도전 정신과 강한 의지와 극기력을 가지고 나의 역할을 성실히 수행하는 양심인이 되어야 한다. 지나친 과욕으로 양심을 팔아먹는 과의 노예가 되어서는 안 된다. 양심은 대도(大道)의 길이요, 정도(正道)의 길이요, 상도(常道)의 길인 것을! 과(過)여! 너는 나에게서 저 멀리 사라지고, 양심(良心) 너는 내 마음 속에 언제나 같이 있자꾸나.

세월은 가고

오은순

아장아장 걷던 때가
엊그제 같았는데
어느 새 어른이 되어
품 안에서 떠나버렸네
강물 따라 세월은 가고
거울에 비친 모습
처량도 해라
눈가엔 잔주름이
까만 머리엔 하얀 구름이
덮여 가네

사랑엔 가시가 있다

사람은 사랑을 먹고 사는 동물이다. 사랑은 사람이 살아가는 근본이다. 핵심적인 뿌리다. 산다는 것은 사랑하면서 사는 것이다. 저마다 운명의 십자가를 지는 것이다. 사랑은 태양이 되어 위대한 힘과 찬란한 빛과 희망 그리고 아름다움을 조각한다. 기쁨을 같이하고 슬픔을 같이 나누며 고통을 같이 이겨낸다. 균형과 조화를 이루면서 삶에 활기를 주고 정열을 북돋고 행복을 선사한다.

사랑에는 종류가 많다. 남녀 간의 사랑, 부모자식 간의 사랑, 형제자매 간의 사랑, 친구 간의 사랑, 사제지간의 사랑, 이웃 간의 사랑, 친족 간의 사랑 등 사랑하는 관계는 수없이 많다. 그 중에도 백미는 남녀가 주고받는 사랑이다. 이성 간의 사랑의 선택은 지혜로운 선택이어야 한다. 신중을 기하며 투명하고도 확실한 선택이어야 한다.

선택의 조건과 주된 이상향은 남녀가 분명히 다르다. 여성을 선택할 때, 남성은 겸손과 성실성, 아름다움을 본다. 여성은 강한 의지와 용기를 지닌 남자, 경제력이 되고 책임감 있는 남자를 선호한다. 사랑은 혼자 간직하고 마는 일방통행이 아니다. 마음을 주거니 받거니 반복하는 쌍방통행이 좋다. 짝사랑은 애태우다 주저앉아 버려 사랑으로 보기도 어렵다. 서로가 진실한 마음으로 정을 교감하는 게 사랑이다. 얼과 얼, 정성과 정성, 정신과 정신, 인격과 인격을 주고받을 수 있어야 한다.

사랑을 선택할 때는 신중해야 한다. 타오르는 불길을 제어할 줄 알아야 한다. 사랑에만 몰두하면 눈에 콩깍지가 씌운다. 키 크고, 잘생기고, 예쁘고, 몸매 좋은 그런 상대만 좇게 된다. 주관적 판단으로 흘러 흉물을 미화하고, 모든 이미지가 환상처럼 아름답게만 머릿속에 그려지기 시작한다. 보잘 것 없는 여성도 아름답게 보이며 불성실한 남성도 이상적인 사람이 된다. 사랑이 이성과 감성을 마비시켜 맹목적인 선택이 되고 만다. 사랑은 여성에게 큰 의미를 지니고 있다. 남성은 일에 살고 사회활동에서 얻는 보람에 가치를 두는 경우가 많다. 허나 여자는 사랑과 애정 그리고 경제적인 면에 무게를 더 둔다. 사랑에는 여자가 더욱 절박하다 할 수 있다.

같이 있고 싶고, 같이 살고 싶고, 같이 즐기고 싶고, 소유하고 싶은 게 사랑이다. 삶의 원동력이며 행복의 근원이다. 독일 철학자 피히테는 사랑을 인생의 주성분이라 했다. 인생은 올바른 사랑 속에서 진정한 행복을 얻을 수 있고 보람을 갖게 된다. 참사랑은 인격을 서로 존중하고 깊은 관심을 가져주는 것이다. 믿고, 신뢰하며 몸과 마음을 서로 아낌없이 주는 것이다.

지상에서 가장 고귀하고 아름다운 사랑에도 가시가 있다. 가시에 찔리면 아프고 상처가 난다. 사랑도 지혜롭지 않고 조심스럽지 않으면 날카롭게 찔린다. 사랑에 상처와 금이 가게 된다. 여자의 사랑은 장미꽃과 같다. 사랑의 꽃을 지혜롭게 잘 피우면 행복이고 축복이지만 그렇지 않으면 더 없는 불행과 파멸을 가져온다. 사랑은 천국도 되었다가 지옥도 되었다 하는 이중성을 갖는다. 사랑은 불장난과 같다는 말도 있다. 불장난이 잘못 되면 상처를 입거나 다친다. 불은 너무 멀리하면 춥고 냉랭하며 너무 가까이 하면 덥다. 적당한 위치에서 알맞게 쬐면 포근하다. 사랑이 없으면 냉랭하고 춥지만 알맞은 거리에서 사랑을 하면 행복하다.

이 세상 넓은 천지에 날 사랑해주는 사람이 아무도 없다면 어떨까. 내가 사랑할 사람이 한 사람도 없다면 어떨까. 고독, 공허, 허무에 비빔범벅이 된 그런 삶이 되지 않을까. 생기가 사라지고 기쁨이 없고 행복을 찾을 수 없어 살아갈 의욕마저 상실할 지도 모른다. 사랑이 있을 때 살맛이 나고 희망이 보인다. 활력이 넘치고 아름다움이 존재하는 것이다. 시인 괴테는 사랑을 노래했다. "하늘에 별이 있고, 땅위에 꽃이 있고, 우리의 가슴 속에 사랑이 있는 한 인간은 행복할 수 있다."

사랑이란 두 글자는 위대하다. 신이 내린 고귀하고 아름다운 선물이다. 사랑은 위대한 덕이요, 신비스러운 향기요, 찬란한 빛이다. 창조적인 힘이다. 행복은 노력하면서 창조하는 것이지 저절로 찾아오는 행운이 아니다. 정성의 나무에 피는 아름다운 꽃이요, 노력의 산실에서 결과되는 지혜의 열매다. 참다운 행복은 쓰라림과 즐거움을 같이 섞어 맛보며 몸을 갈고 닦은 후에 얻을 수 있다. 이렇게 얻은 행복은 영원히 오래 지속된다. 인생의 밭에 노력을 심고, 희망을 심고,

신념을 심고, 성실을 심고, 용기를 심고, 사랑을 심어나가야 된다. 아름다운 장미꽃에 가시가 있음을 늘 상기하며 참된 애정, 참된 사랑으로 세상을 살아갈 때 행복하다.

내 마음

오은순

파도처럼 밀려와도
바윗돌에 부딪쳐도
긴긴 세월 이십년 세월
눈물도 한이 없어라
한숨도 한이 없어라
이제 다 갔나 보다 했는데
자식 걱정 안 할 수 없어라
울면 같이 울어야 하고
웃으면 같이 웃어야 한다
기뻐도 울고 슬퍼도 울고
자식 사랑 한 없어라
끝도 없어라

견해(見解)

세상살이를 하다보면 많은 일을 겪고 부대낀다. 이럴 때면 사람들은 흔히 두 가지 갈래로 생각하고 사리판단을 한다. 하나는 긍정적인 삶의 자세요, 다른 하나는 부정적인 삶의 자세다. 긍정적인 자세는 희망이며 기쁨을 줄 수 있다. 반면 부정적인 자세는 실망을 이어가고 불안을 유발하기도 한다.

산다는 것은 사람의 도리를 지키면서 바른 길을 걸을 수 있느냐 하는 문제이다. 일을 하다보면 늘 어려움은 있게 마련이다. 이럴 때에 '이것은 안 되겠다, 불가하다' 며 포기하고 실망하는 자세는 바람직하지 못하다. 외려 힘껏 노력하면 '할 수 있다, 될 수 있다' 는 긍정적 사고방식을 가지는 게 중요하다.

아메리카 대륙을 발견한 콜럼버스의 일화가 하나있다. 콜럼버스가 초등학교 시절이었다. 하루는 담임선생이 학생들에게 퀴즈를 냈다. 계란을 세로로 세울 수 있는 학생은 앞으로 나와 보라고 하였다. 대부분의 학생은 "어떻게 계란을 세로로 세울 수 있느냐"며 부정적으로 답변을 하였다. 콜럼버스는 "제가 해보겠습니다"라고 말하고 교탁으로 나갔다. 콜럼버스는 선생님 앞에서 계란의 뾰족한 끝부분을 살짝 깨뜨린다. 그리고는 계란을 세로로 번듯하게 세워 보인다. 이러한 일화는 긍정적인 사고와 자세가 이룰 수 있는 것이 어떤 것인가를 가르치고 있다.

우리말 사전을 보면 긍정의 뜻은 '그렇다고 인정하는 것' 이라 되어있고, 논리적인 면에서는 '사물의 관계' 를 뜻하기도 한다. 부정은 '그러하지 않다고 단정하는 것' 이란 뜻을 담고 있다. 주변에서 관찰되는 일은 언제나 긍정과 부정의 양면이 공존하고 있다. 등산을 하면서 물을 마시려 하니 물통에는 물이 반이 남아 있었다. 부정적 사고방식을 가진 사람은 "아 물통에 물이 반 밖에 없구나" 하며 정상까지 오르는데 부족하지 않을까 하고 불안해한다. 이에 반하여 긍정적인 사람은 "아직 물통에 물이 반이나 남아있구나, 이것이면 정상까지 등반하는데 충분하겠다"는 자신감을 보인다. 동일한 사안에 대해서도 부정과 긍정은 현저한 결과의 차이를 나타낸다.

호락호락하지 않은 게 삶이다. 살다보면 어려움도 있고 괴로움으로 밤을 뒤척이기도 한다. 하지만 고통은 삶에서 당연히 수반되는 필수요소다. 고통을 겪고 이겨내면서 사람은 마음의 폭이 커지고 세상은 크게 보이기 시작한다. 시련을 겪으면서 그 운명이나 지위는 결정된다고 옛 성인은 말하고 있다. 지금 당신을 괴롭게 하고 슬프게 하는 일은 겪을 수밖에 없는 시련이라고 생각하자. 시련을 통하여 생각은 다듬어지고 기회는 다시 주어질 것이다. 시련에 무릎 꿇고 좌절하면 아무 것도 이룰 수가 없다.

굴하지 않는 용기를 갖고 개척해 나가는 게 진정한 삶의 가치이다. 고난에 꿋꿋이 버티고 난관에 과감한 도전장을 내미는 것이다. 불행을 재도약의 출발점으로 이용할 수 있는 긍정적 자세를 가져야 한다. 슬픔과 기쁨, 쓰라림과 즐거움을 다 맛보며 몸과 마음을 갈고닦은 다음에야 행복을 얻을 수 있다. 용기와 양심, 진실한 마음으로 슬기를 가지고 매사에 긍정적으로 살아가도록 하자. 도전하는 생활이 참된 삶의 자세요, 낙동주의(樂動主義) 인생이다. 마음도, 의지도, 행동도, 생활도 모두 긍정적 자세로 바꾸어 올바른 사리판단을 하고 미래를 내다볼 수 있는 삶이 희망적이다. 살아가는 보람이요, 가치다.

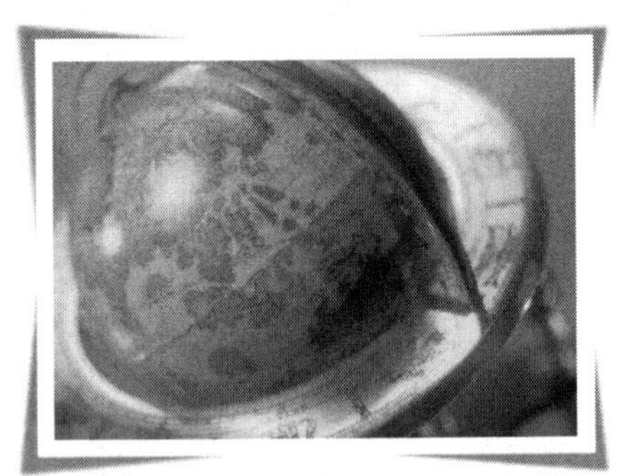

하늘은 말이 없다

하늘은 세상만사를 저 드높은 곳에서 내려다본다. 67억의 사람이 지구 대지를 딛고 살고 있는데 이들의 일거수일투족을 훤히 꿰차고 있다. 하늘은 선악을 보면서도 한마디 말이 없다. 착하고 선한 일을 하는 사람, 악하고 나쁜 일은 하는 사람, 농사를 짓는 사람, 사업을 하는 사람, 장사를 하는 사람, 교육을 하는 사람, 예술을 하는 사람, 정치를 하는 사람의 각자 하는 일을 모두 내려다보고 있으면서 모든 진실을 알고 있으면서도 말이 없다.

살아가면서 좋은 일이 생기면 하늘을 보며 "감사합니다"며 우러른다. 역경이 닥칠 때는 "잘 지켜주십시오" 하며 기도드린다. 98퍼센트의 세상 사람들은 하늘을 우러러보며 한 점 부끄러움 없이 양심을 팔지 않고, 정도(正道)를 걸으면서 성실한 인생을 살고 있다. 나머지 2퍼센트는 하늘에 코웃음이라도 치듯 아랑곳하지 않고 이웃을 생각함이 없다. 욕심과 과욕으로 사기절도 행각을 벌이거나 그것도 모자라 살인강도를 일삼는다. 심지어 부모자식 형제지간에도 재산과 돈

문제로 원수가 되고 칼부림까지 하는 악행이 잦다. 어쩌다 이렇게 삭막한 세상이 되었을까. 국민의 한사람으로서 통탄스럽다. 누구에게 미룰 게 아니라 가정에서부터 사회 또는 국가에 이르기까지 일정 부분 책임이 있다. 어려서부터 지켜야 할 도리, 도덕, 예의, 정도를 배워야 한다. 부모는 정의 편에 서서 선도의 길을 갈 수 있도록 자식을 가르쳐야 한다.

2007년 3월, 집에 도둑이 들었다. 어처구니없는 일이었다. 고향 성산읍 오조리에 살고 계시던 98세의 장모님이 노환으로 별세하였다. 나는 아내와 함께 고향에 가서 사나흘 집을 비우게 됐다. 장모님의 장례식을 치루고 집에 돌아와 보니 잠금장치를 해두었던 정문과 현관문 그리고 방문 세 개가 모두 활짝 열려 있었다. 방안에 궤짝, 찻장, 옷장 그리고 이불장까지 전부 열려 있고 여러 가지 옷가지들이 이리저리 너저분하게 널려져 있었다. 목견하는 순간 황망하고 말할 수 없이 불쾌했다. 72평생을 살면서 이러한 일은 처음 당하는 것이라 충격은 클 수밖에 없었다. 잠시 마음을 가다듬고 도난당한 것을 확인해 보니 현금 60만원과 500원짜리 동전으로 가득 찬 대형 돼지 저금통 그리고 내가 직장에서 퇴직할 때 기념품으로 받은 행운의 열쇠와 금반지 3개 등 도합 추산 200만 원 상당이 없어진 것을 확인하였다. 즉시 연동파출소에 도난신고 하니 담당수사형사가 와서 현장 확인을 하고 갔다.

나름대로 도둑이 들 만한 연유를 곰곰이 생각해 보았다. 우선 장모님 부고를 사흘 동안 제주일보에 게재한 데서 어림짐작 해보았다. 부고에는 고향이 어디고, 장지가 어디고, 발인이 언제라는 것이 명시되어 있었기 때문이다. 다음으로는 구독하는 신문이다. 제주일보와 동아일보가 사흘 치나 정문 문틈에 끼워져 있어서 며칠은 비어있는 집임을 지나가는 사람이면 누가 봐도 알 수 있게끔 돼 있었다.

한편으로는 집 내막을 잘 아는 사람의 소행으로 생각한다. 아마 얼씨구나 춤추며 돈이며 금이며 가져갔을 것이다. 신고한지 10여개 월이 지나도 범인은 오리무중이고, 경찰은 수사중지 통보만 핸드폰 메시지로 달랑 배달해줬다. 도대체 범행을 저지른 녀석들은 누굴까? 질도, 도둑질을 하고도 처자식들 앞에 떳떳할 수 있을까? 기일 제사에 조상에 엎드려 아랫대로서 정성을 드릴 수 있을까? 도둑질을 하고도 단잠을 잘 수 있을까? 많은 의문과 함께 분노가 가시지 않는다. 양심 없고 악의 소굴에서 허덕이는 인간 이하의 소행임에 틀림없다. 하늘은 알고 있을 텐데 말이다. 집은 가족이 기거하는 아름답고 신성한 곳이다. 화목과 평화의 장소요, 삶의 보람과 가족의 사랑을 나누는 보금자리요 터전이다. 삶의 터전에 살인강도나 절도범 등의 불량분자가 담 넘고, 문을 부수고 침범했다는 것 자체가 불쾌하고 분통한 일이 아닐 수 없다. 세월이 약이듯 한 해가 속히 지났으면 하는 바람이다.

세상만사를 망원경처럼 다 꿰뚫어보고 내려다보고 있는 하늘을 우러러보며 무서움을 배우고 맹세코 한 점 부끄러움 없는 삶을 살아야 한다. 하늘은 언제나 온 세상을 내려다보며 모든 선과 악을 주시하고 있다. 하지만 말이 없다. 그러나 때가 되면 언제 어디서나 너에게 악의의 대가로 무거운 형벌이 곧 내려질 것이라는 무언의 암시를 늘 주고 있음을 우리는 알고 있다.

가면을 벗자

주변에는 팔자타령, 운수타령 하면서 신세를 한탄하는 사람이 제법 많다. 일이 순조롭게 잘 풀리면 팔자가 늘어지고 운수가 대통해서 잘 되었다 한다. 일이 풀리지 않으면 팔자가 사납고 운명이 허망해서 그렇다 한다. 이렇듯 팔자 운세타령 하는 이가 많다. 그런데 우리는 과학이 고도로 발달되고 일상도구와 필수품이 첨단화 되어 생활의 편리를 도모하고 발전된 문명사회에서 생활하고 있다. 이런 문명의 이기를 즐기고 있으면서, 한편으론 팔자나 운수타령을 한다는 건 과학적이지도 않고 현실적이지도 않다는 생각이 든다. 팔자타령, 운수 타령의 가면을 벗어던질 때가 되지 않았나본다.

'팔자(八字)' 란 사람이 태어난 생년, 월, 일, 시간 등 네 가지 사항의 '간지' 여덟 글자를 통틀어 일컫는다. 다르게는 평생의 운수를 팔자라고 하기도 한다. 토정비결(土亭秘訣)은 이조시대 도참학설의 대표적인 책이다. 명종 때 고려 말 대학자인 목은 이색의 7대 손인 토정 이지함(土亭 李之菡)이 신라 말기 때부터 유행해온 중국의 술서

(術書)를 종합하여 만든 책이다. 토정비결로 운수를 보는 방법은 팔자소관과 거의 대동소이하다. 태어난 해를 태세(太歲), 태어난 달을 월건(月建), 태어난 날을 일진(日辰) 등 세 가지 사항을 숫자로 따져서 1년간의 길흉과 화복을 예언할 수 있도록 엮은 책이다. 흔히 듣는 팔자를 고쳤다는 말은 한 번 이혼한 사람이 재가하여 가정을 새로 꾸미거나, 갑작스럽게 부자가 되거나, 지체를 얻어 딴 사람이 됨을 비유한 말이다. 팔자땜 했다는 말도 있는데 이는 주어진 사나운 팔자를 어떤 어려운 일로 내신 해결함에 따라 그 액을 면했다는 뜻이다.

지금은 문명이 고도로 발달된 지식, 지혜, 지성, 과학의 사회이다. 지식(知識)이란 어떤 사물에 관한 명료한 인식 또는 알고 있는 내역 등 인식의 성과를 말하는 것이다. 지혜(知慧)는 슬기를 말함이며 사리를 밝히고 잘 처리해 나가는 능력을 말한다. 지성(知性)은 참과 거짓을 분간할 수 있는 능력이다. 과학(科學)은 인간의 지성과 능력으로 체험한 것을 정직하게 표현해내는 것이다.

유학의 주요 경전인 중용(中庸)에서는 '성자천지도야 성지자인도야(誠者天之道也 誠之者人道也)' 라고 말한다. 성실은 하늘의 길이요, 성실을 실천하는 자는 사람의 길이라고 갈파했다. 천지만물은 성실의 원리로 되어 있다. 성실을 행하는 길이 우리 인간의 도리라고 하였다. 성실의 원리를 지켜나감으로서 번영과 행복을 얻을 수 있다고 하였다. 이러한 참된 진리는 외면하고 행불행이 팔자소관, 운수타령이나 하면서 한숨을 쉬고 있으니 한심한 노릇이다. 이렇게 한탄하는 시대는 지났다.

인생은 누구나가 쉽게 살 수 있는 과정은 아니다. 살다보면 좋은 날, 기쁜 일도 있을 것이고, 어렵고 슬픈 일이 닥칠 때도 있다. 바람이 강하면 물결이 거세지고 바람이 수그러들면 따라서 잔잔해지는 물결과 같이 삶은 바다와 같다. 자신의 문제는 우선 자신의 힘으로 해결하려고 해야 한다. 스스로 일어나 삶을 구현하는 길로 당당히 걸아가야 영광과 행복을 얻을 수 있다. 뜻이 있는 곳에 길이 있고, 길이 있는 곳에 빛이 있고, 빛이 있는 곳에 행복이 있다는 삶의 진리를 곱씹어봐야 한다. 행복은 정성의 나무에 피는 아름다운 꽃이요, 노력의 결과에서 나오는 지혜의 열매이다. 행복은 스스로 노력하면서 창조하는 것이지 절로 찾아오는 것이 아니다. 진실과 성실과 정의의 사도가 되고 주역이 될 때 문제는 해결된다. 팔자 운수타령이라는 가면을 시원하게 벗어 던져버리자.

돈 때문에

돈! 돈! 돈! 돈 때문에 사람은 죽기도 하고 살기도 하고 울기도 하고 웃기도 한다. 돈은 두 가지 성질을 갖고 있다. 절망과 고통을 주기도 하고, 기쁨과 희망을 주기도 한다. 생활에 없어서는 안 될 만큼 돈은 중요하고 큰 힘을 갖고 있다. 국가나 지역사회의 번영과 발전 그리고 개개인의 안정된 생활을 지탱해주는 원동력이다. 돈의 위력을 몸소 체험하면서 돈의 가치 또한 조금이라도 되새겨봐야 한다.

가수 배일호가 부른 '당신 때문에' 라는 노래가 있다. 이 노래 가사를 '돈 때문에' 로 바꿔 엮어보았다. "돈 때문에 내가 울지요, 돈 때문에 내가 웃지요, 이 세상에 없어서는 안 될 보배이기에 내 모든 걸 다 바쳐서 사랑하리라, 한 때는 죄 없는 돈을 미워도 했지만 돈이 무슨 죄랴, 돈 없는 게 내 죄지 돈이 없으면 단 하루도 살 수 없어요, 내 모든 걸 다 바쳐서 돈을 벌리라." '당신' 대신에 '돈' 이 들어가도 내 딴엔 잘 어울리는 노래가사 같다.

나라는 존재는 하나밖에 없다. 한번뿐인 내 삶을 연습 한 번 없이 엄숙하고 냉엄하게 사는 동안 우리는 많은 역경과 어려운 난관에 부대낀다. 무거운 짐을 지고 한 세상을 살아가는 게 쉬운 일은 아니다. 인간으로 태어나서 우리는 많은 바람을 갖는다. 건강하게 성장하고, 지식과 지혜를 얻기 위하여 많이 배우고자 한다. 소질과 능력에 맞는 직업을 택하고, 생활을 유지할 수 있을 만큼 돈도 벌고 싶다. 누구나가 건강을 원하고 풍족하게 돈과 재물을 갖고 싶어 한다. 돈을 벌기 위하여 불철주야 땀 흘리면서 일을 하고 있다.

하지만 돈에만 너무 집착해서 살아서는 안 된다. 돈 벌기에만 혈안이 되거나 지나친 욕심과 이기심에 함몰되면 삶의 가치를 잃는다. 돈이 인간에게 봉사해야지 인간이 돈에 봉사해서는 안 된다. 경제가 인간을 위하여 존재하는 것이지 인간이 경제를 위하여 존재하는 것은 아니다. 미국의 사상가 에머슨은 "건강으로 돈을 벌수는 있지만 돈으로 건강을 살 수 없다"는 말을 남겼다. 돈을 인생 제일의 목표라고 생각해서는 안 된다.

돈을 벌기도 어렵지만 벌어들인 돈을 어떻게 하면 효율적으로 관리하느냐가 더욱 중요하다. 소득 범위 내에서 알맞게 생활도 하고 저축도 할 수 있는 근검절약의 정신이 필요하다. 열심히 일해서 번 돈을 물 쓰듯 먹고 싶은 것 다 먹고 사고 싶은 것 다 사고 즐기고 싶은 것 다 즐기면서 낭비해서는 안 된다. 낭비와 사치 허영에 눈이 어두워 분수를 모르고 절용을 모르면 성공한 삶을 이루기 힘들다. 공자는 근검절약이 번영의 원리요, 절약은 부강의 근본이라 했다. 성실하고 아끼는 마음가짐이 본바탕이 되어야 한다. 외국인이 한국에 와서 놀라는 게 음식문화다. 음식점에 가보면 수 십 가지 반찬이 올라오고,

남는 게 태반이다. 낭비가 심한 우리 문화 중의 하나다. 중국, 일본 등 외국에 가보면 그 나라의 식탁엔 먹을 만큼 나오고, 나온 마큼 다 먹는다. 모자란 찬이 있으면 추가로 더 요구하면 된다. 식탁에 음식 차림부터 단조롭고 간편하게 하여 낭비를 줄이는 중국과 일본의 생활상을 본받아야 하지 않을까 생각한다.

돈 때문에 자살하고 돈 때문에 사람을 죽이고, 돈 때문에 강도질하는 돈의 노예가 되어서는 안 된다. 돈에 양심을 팔아먹는 사람이 되지 말고 탐욕과 이기심을 버리고 정도를 걸어야 한다. 견리사의(見利思義) 정신을 되살려야 한다. 순리에 따라 개미처럼 부지런히 일하고 벌어들인 돈은 값지고 보람되다. 그래서 아껴 써야 하며 가치 있게 써야 한다. 돈 때문에 울고 웃는 일이 만 분의 일이라도 줄어들었으면 좋겠다.

절용애인(節用愛人)

모든 생명체는 먹을 것이 있어야 하고, 살 곳이 있어야 한다. 사람도 살아가려면 입을 옷이 있어야하고, 먹을 음식이 있어야 하고, 살 집이 있어야 한다. 무엇보다도 의식주를 먼저 해결하여야 생명을 지탱하고 살아갈 수 있기 때문이다. 그래서 사람들은 저마다 많이 소유하고 획득하려고 피땀을 흘리며 동분서주한다. 많이 소유하고 얻은 사람들은 좀 부유하고 행복해질 것이고, 그렇지 못한 사람은 가난과 더불어 불행이 뒤따르게 될 것이다. 이것은 얼마만큼 땀을 흘리며 노력했느냐에 따른 성과품이요 결과이다. 사람은 누구를 막론하고 다른 사람보다 많이 소유하고 싶고, 잘 살고 행복해지기를 바라는 본능을 지니고 있다.

나는 사람들이 가진 재물을 어떻게 하면 효율적으로 관리하여, 건전하고 검소한 생활을 영위할 수 있을까 하고 한번 생각해보게 된다. 옛 어른들은 절용애인(節用愛人)을 강조했다. 절약하는 마음가짐과 정신을 사랑하는 사람이 되고 연인이 되라는 뜻이다. 절(節)자는 마디 절(節) 자로서 절제(節制), 절용(節用), 관절(關節), 사절(使節), 시절(時節), 계절(季節), 명절(明節), 절부(節婦), 음절(音節), 곡절(曲節), 정절(貞節), 예절(禮節), 삼일절(三一節) 등등 여러 가지 한자어와 어휘에 쓰이고 있다. 절용(節用)은 물자를 아껴 쓰고 비용을 적게 들이며 생활하는 것이라고 국어사전은 풀이하고 있다.

우리 사회는 과학문명이 고도로 발달되고 최첨단 기술의 개발과 경제성장의 결과로 생활이 향상되어왔다. 하지만 물질만능의 가치가 선망의 대상으로 전환되면서, 사람들은 향락의 충동에 쉽게 노출되고 있으며, 이러한 현상은 가속화되고 있다. 물론 사람들은 즐거운 인생을 위하여 향락을 때론 충족 시켜야 한다. 살아가면서 먹고, 마시고, 놀고, 춤추며 즐기는 생활이 필수불가결한 것으로 여겨지는 것은 이로 인하여 스트레스가 해소되고, 생활의 활력소뿐만 아니라 활동에 윤활유가 되기 때문이다. 하지만 즐겁고 신나는 일이라 해서 향락만을 더 없는 인생의 목적으로 추구하게 될 때에는 우리의 삶은 병들고 타락하게 되며 파탄에 빠지기 쉽다.

향락주의에 빠져들면 가정과 사회는 빈곤과 부패와 쇠퇴의 암흑으로 전락하고 만다는 게 동서고금의 진리다. 괴테는 향락은 인간을 천하게 만든다고 하였다. 옛 성인은 "절제(節制)의 덕을 심은 자는 건강과 장수의 열매를 얻을 것이요, 방탕의 씨를 뿌린 사람은 질병과 단명의 불행을 거들게 된다"고 했다. 맹자 또한 정신을 수양하려면 욕망을 절제하는 것이 최상의 방법이라고 갈파한 바 있다. 절제(節制)는 모든 것을 알맞게 조절하고 인간의 행동과 생활이 방종하지 않도록 욕망을 제어하는 것을 말한다. 동서고금의 철학자들은 예로부터 절제를 사람이 지녀야 할 주요 덕목으로 높이 평가해 왔다. 더불어 수분지족(守分知足)의 가치가 절실한 오늘날이다. 수분(守分)은 자기의 분수를 지키는 일이요, 지족(知足)은 만족할 줄 아는 것을 말한다.

현대 사회는 욕망을 절제하는 생활은커녕 욕망이 해방되고, 과욕을 충족해야 하는 시대로 진입하였다. 모든 것을 많이 소유하려고만 하는 게 오늘 우리의 모습이다. 과욕을 부려 지나침으로 넘치게 되면 동반되는 폐단이 있고, 불행으로 결과되기 쉽다.

우리는 리듬을 갖고 살아야 한다. 생활의 질서와 정연한 리듬, 돈을 벌고 쓰고 하는 경제생활의 리듬, 일을 하고 쉬고 하는 근로생활의 리듬, 음식을 먹고 배설하는 영양생활의 리듬 등이 그것이다. 이러한 리듬들이 아름다운 균형과 조화와 절제가 잘 이루어져야 건전한 생활이요, 참된 생활이요, 행복한 생활이라 할 수 있다. 리듬이 깨어져 조화롭지 않을 때면, 마음은 괴롭고, 몸은 병들게 되고, 생활은 타락하게 된다. 건전하고, 건강하고, 행복한 생활을 하려면 적당히 먹고 적당히 일하고 적당히 쉬고 적당히 운동하고 적당하게 쓰는 적정인의 지혜를 가져야 한다.

돈, 재물, 건강, 마음, 행동 모두 절도 있게 사용하고 절제할 줄 알아야 한다. 절용(節用)은 삶을 건전하고 행복하게 만드는 가르침이다. 절용(節用)의 반대말은 과용(過用)이다. 절용하지 않고 과용하게 될 때 방탕이니 탐욕이니 폭음이니 과색이니 하는 여러 가지 형태의 부작용이 동반된다. 이러한 폐단은 정신을 병들게 하며, 생활의 빈곤을 자초하고, 도덕을 타락시키고, 생명을 단축시킴은 물론 결국 우리

사회를 부패하게 만든다.

자기 분수를 알고 이에 만족할 줄 아는 사람이 되어야 한다. 분수를 모르거나 어기고 분수에 넘치는 생활이나 행동은 불행과 파멸의 비극을 연출한다. 근검과 절약은 부를 축적하는 근본이 된다고 옛사람들은 말하고 있다. 우리나라처럼 자원이 빈약하고 기름 한 방울 생산되지 않는 나라에서는 더욱 절용정신이 필요하다. 근면과 검소를 생활의 미덕으로 삼고, 낭비와 사치를 일삼는 일은 삼가야 한다. 절용에는 극기와 용기의 덕이 필요하다. 극기와 용기 없이는 절제와 절용이 불가능하며, 과의 탐욕과 충동에서 벗어나기 힘들다. 확고한 절제의 반석위에 절제하는 국민, 절제하는 가정, 절제하는 사회, 절제하는 국가를 만들기 위하여 근검정신으로 무장한 절용애인(節用愛人)이 되도록 노력하자.

어머니 얼굴

오은순

소나기가 지나간 뒤
하늘을 쳐다보니
먹구름이 지나가고
흰 구름을 바라보며
어머니 얼굴이 생각난다.
살아계실 때
크고 곱던 얼굴이
세상을 등지고 가는 날
그리도 외롭고 작아 보일까
반년이 다가와도
머리에서 지울 수 없는 얼굴
파란만장한 삶을 살다가 돌아가신
어머니
저승에서나마
극락왕생 하옵소서

6장

늙은 청춘(青春)

사진 : Cedar Key _ 강형구

늙은 青청 春춘

노의 실(失)과 득(得)

늙지 않는 사람 없고, 죽지 않는 사람 또한 없다. 모든 생명체는 언젠가는 죽게 마련이다. 나이 70을 4계절에 비유하면 겨울이다. 꽃은 간 데 없고 잎은 다 떨어져 앙상한 가지와 몸통만 남아 있다. 일생일사라 해서 한 번 태어나고 한 번 죽음이 있는 법이다. 시작이 있으면 끝이 있고 젊음이 있으면 늙음이 잇는 것이 人生의 순리요, 자연의 이치다.

우리 세대가 어리고 젊었을 때는 생활이 어려웠다. 배고팠고, 고달프고, 고통스러웠던 시절이었다. 역경을 극복하면서 쓴 맛, 단 맛 보고 산전수전을 겪었다. 역사를 통해 우리 세대는 경험과 경륜을 가지게 되었다. 이러한 경험을 바탕으로, 경륜을 바탕으로 여생을 건강하고 즐겁게 살아야 할 책무가 있다. 이조시대 이정보도 늙음을 한탄했다. "사람이 늙은 후에 언제 젊어볼꼬, 빠진 이는 다시 나며, 센머리 검을 손가 세상에 불로초 없으니 그를 슬퍼하노라." 나이 듦을 그저 비탄하기보다는 생명이 붙어있음을 즐거워하고 무엇보다도 건강을 다지는 일에 전력을 다해야 하겠다.

삶의 제일 큰 보배는 건강이다. 건강을 잃으면 돈도, 권력도, 명예도, 처자식도, 사랑도 모두가 무용지물이 된다. 병들면 서럽고 아프다. 처자식도, 친구도 아픔을 대신해줄 수 없다. 인생행로는 100m 단거리 경주가 아니라 80여 년을 달려야 하는 장거리 마라톤이다. 건강은 자신이 지켜 나아가야 한다. 건강은 삶의 원동력이며 목표다. 늙으면서 치아는 튼튼함을 잃어가고 소화력도 약해진다. 때문에 모든 음식물을 적당히 먹되 즐겁게 섭취해야 한다. 이게 건강하게 사는 방도다. 늙어지면 잠을 청하기 힘들고 잠에 들더라도 새벽 일찍 눈을 뜬다. 늘 숙면할 수 있는 자신만의 방법을 찾고 습관을 길러야 한다. 잠을 잘 자는 것 이상 더 좋은 것은 없다. 또한 신체 조건에 알맞은 운동을 개발하여 매일 적당한 운동을 해야 한다. 적당한 운동은 몸에 활력을 불어넣는다. 생동감이 넘치는 힘을 창출시켜줄 뿐만 아니라 정상적인 소화 작용에도 역할을 한다.

우리는 인생에 잠시 왔다 가는 일순간 손님에 불과하며 산다는 것은 몸을 빌려 세상맛을 잠깐 보는 것이다. 죽는다는 것은 우리의 영원한 안식처로 고향으로 가는 것이다. 내가 죽음은 내가 감당해야하고 너의 죽음은 네가 감당해야 한다. 홀로 태어나서 살다가 홀로 땅속으로 들어간다. 죽음의 길은 누구도 같이 갈 수 없다.

늙으면서는 물리적인 생활력이 약해지고 신체적 생산능력도 많이 떨어진다. 그러므로 늙을수록 강한 정신력과 태양의 열정과 같은 마음을 가꾸려고 노력해야 한다. 젊은 영혼으로 살고자 해야 한다. 로마신화에는 늙어서 잃는 것과 얻는 것에 대해 언급하고 있다. 늙으면서 잃는 것(失)은 많다. 심신의 모든 것이 쇠퇴하고 소화력과 기억력이 약해진다. 모든 것이 흐려진다. 눈도 흐려지고, 머리도 흐려진다. 모든 것이 둔해진다. 이해력도 둔해지고 행동도 둔해진다. 모든 것이 저하된다. 생산력과 노동력이 저하되고 결국은 생산기능이 마비된다.

하지만 늙어서 얻는 것(得)도 있다. 노마지지(老馬之知)라 했다. 늙은 말의 지혜를 말하는 것으로서 늙으면 모든 것이 단련되고 숙달된다는 의미다. 늙으면 무슨 일이든지 크게 힘들이지 않는다. 노교수의 노련한 명강의가 그렇고, 노목수의 솜씨 또한 노련하고 섬세해진다. 노의사의 수술솜씨도 침착하고 편안하다. 늙으면 확실히 원숙하고 만사에 도통해진다. 많은 경험과 경륜을 바탕으로 모든 일을 슬기롭게 처리한다.

이렇듯 늙는다는 것은 잃어버리는 것도 많지만 얻는 것도 많다. 아직 쓸모가 있고 사회에 기여할 수 있다는 자신감을 갖고 살고 싶다. 나의 주인은 육체가 아니라 마음과 정신이다. 육체적으로는 힘들고 어렵겠지만 축적된 노하우를 토대로 매사에 긍정적인 사고방식을 가지고 여생을 즐겁고 아름답게 살다가 인생을 마감하고 싶다.

홀로인생

조물주는 우리 인생을 홀로 태어나게 하고 홀로 돌아가게 만들었다. 모든 생명체는 언젠가는 죽음의 길을 밟는다. 목숨은 무한한 것이 아니라 유한하다. 영원이란 말은 존재하지 않는다. 서른 살을 전후하여 결혼을 하여 제2인생을 창조하고 새로운 삶을 살아간다. 슬하에 자식을 두면 애들을 가르치고 성장시켜 건강하고 훌륭한 사회의 일꾼을 만들어내야 한다. 부모의 책임이요 마음이다. 이제 자식들은 모두 성장하여 시집장가 다 가고 부모의 우산 밑에서 벗어나 제나름대로의 독자적인 가정을 창립한다. 저마다 제 인생을 살아가는 것이다. 본가에는 칠팔십을 넘긴 부모만 남는다. 이때부터 부모에게는 늙음과 더불어 고독의 종이 울리기 시작하는 것이다. 한 달에 한 번씩은 근거리에 사는 자식과 귀여운 손자들이 찾아온다. 온 집안이 떠들썩하고 사람이 사는 집 같다. 그 순간만은 삶의 보람을 느끼고 외로움도 잠시 잊는다.

인생은 남이 대신 살아주는 게 아니다. 자신의 운명 속에 노력하고 땀을 흘리며 건강하고 아름답게 하루하루를 조각해야 한다. 지상에 잠시 왔다가는 나그네에 불과하기 때문이다. 아들, 딸이 부모 슬하에서 떨어져 차츰 멀어지고 정다운 벗들이 세월 따라 하나둘 세상을 떠난다. 동고동락하던 아내와 나, 둘 중 하나가 먼저 세상을 떠나고 나면 홀로 인생이 되어 세상을 살아가야 한다. 그 때에 몰려올 고독이 벌써 두렵다. 힘들고 심한 외로움에 젖어들게 될 것이다. 늙으면 고독과의 싸움이라는 말을 실감한다. 홀로 되었을 때의 고독은 이루 말할 수 없으리라.

누군가 가까운 혈육이 죽음을 맞이하면 안타깝게 슬픈 눈물만 흘릴 따름이지 아무런 도움을 줄 수없는 미약한 존재가 된다. 제아무리 사랑이 깊고 다정다감한 부부라 할지라도 죽음을 동행할 수는 없다. 아내가 먼저 세상을 떠난다고 해서 내가 따라갈 수 없는 일이며, 내가 먼저 간다고 해서 아내가 같이 죽을 수도 없는 일이다.

한세상 태어나 일도 해보고, 사랑도 해보고, 공부도 해보고, 돈도 벌어보고, 여행도 해보고, 노래도 불러보지만 죽음이 천국인지, 지옥인지, 무서운 곳인지, 편안한 곳인지 아름다운 곳인지, 더러운 곳인지 아무도 모른다. 영혼이 불멸인지 멸인지를 누구도 대답해주지 않는다.

오랫동안 동고동락하면서 희로애락을 같이하던 부부가 어느 날 홀아비가 되거나 홀어미가 되었을 때를 예견하며 준비하는 것도 지혜롭다. 결혼 후 40여 년간은 아내와 같은 방에서 잠자리를 같이하면서 생활해 왔기 때문에 외로움과 고독은 없었다. 환갑이 넘으면서 아내와의 잠자리 방은 따로 하고 있다. 홀로 되는 인생연습을 미리하고 있는 것이다. 처음 일 년은 적적하고 쓸쓸하여 견디기가 힘들었다. 하지만 해를 거듭하며 차츰 익숙해졌다. 이제는 잠자리에 들 때나 텔레비전을 볼 때 아내의 간섭이 없어 오히려 편할 정도로 습관이 됐다. 단잠을 잘 수 있고, 잠을 더 자고 싶으면 더 자고, 일어나고 싶으면 일어날 수 있다. 아내도 이러한 자유를 느낀다는 데는 동의하는 것 같다.

내가 먼저 세상을 떠났을 때 아내가 홀로 살아가는 데는 문제가 없을 것 같다. 하지만 아내가 먼저 저 세상에 가서 내가 홀로살이 한다면 문제가 커질 것 같다. 그래서 몇 년을 홀로살이 준비를 해오고 있다. 학생 시절 자취생활에서 익숙한 사항이지만 오래돼 다시 배워야 한다. 밥 짓기, 국에 간 맞추기, 찬 만드는 법, 빨래하는 법, 다리미질하는 법, 가스레인지 조정하는 법까지 두어 가지로는 어림없다. 아내한테서 배우고 더욱 익혀 지금은 숙달된 조교가 되고 있다. 홀로 인생을 준비한다는 건 착잡하지만 엄연한 현실이다.

또래의 관심사는 효율적 노후관리이기도 하지만 홀로살이 준비도 중요하다. 고독은 활력을 앗아가고 생기를 박탈하고 목숨을 재촉하기도 한다. 하지만 고독하지 않은 선인은 없다. 독거노인이라면 더욱 심한 외로움과 쓸쓸함을 절감한다. 이게 피할 수 없는 감정이라면 긍정으로 전환시키면 된다. 고독에 강한 사람이 되어야 한다. 매사에 참을 수 있는 인내력과 강한 정신을 다져야 한다. 신체에 알맞은 운동과 취향에 맞는 취미생활을 가져야 한다. 독서와 등산, 낚시, 바둑, 장기, 여행, 영화감상 등 많은 취미가 있다. 고향에 있는 친지와 친구도 자주 둘러보며 외로움을 줄여나가야 한다.

요즘 들어 생명의 소중함을 절실히 깨닫는다. 인생 말년에 밝은 마음과 아름답고 건전한 하루하루를 엮어가고 싶다. 그러다 염라대왕이 호출이 있으면 떳떳하게 부름을 받들고 싶다. 오! 누구에게나 닥치는 홀로 인생아! 먼 길을 돌고 돌다가 그래도 갈 데 없으면 나에게 천천히 오려무나. 절박한 바람 같다.

가을에 걸음

오은순

발자국마다
바삭바삭 거리는 낙엽처럼
이 몸도 자국마다
바삭거리는
낙엽이 되어버렸네

늙은 청춘(靑春)

어느덧 국민학교(지금은 초등학교라 부른다)의 문턱을 나온 지가 엊그제 같은데 벌써 60년이란 세월이 흘러 70고희를 맞이하고도 2년이 지난 72세의 중년 노인이 되었다. 일수로 계산해보면 2만 6280일이 되며 시간으로 보면 63만 720시간이 된다. 옛날 같으면 일흔 두 살이면 장수한 나이에 속한다. 고려시대 우탁은 사람의 늙음에 대해 이렇게 읊었다. "한 손에 막대잡고 또 한 손에 가시 쥐고 늙는 길 가시로 막고 오는 백발 막대로 치웠더니, 백발이 제 먼저 알고 지름길로 오더라." 세월이 가고 나이가 들면 저절로 늙음이 온다는 뜻이 아니겠는가.

어느 철인은 인생을 음(陰)과 양(陽)이 고르게 펼쳐지는 봄, 여름, 가을, 겨울 등 대자연의 섭리(燮理)와 같다고 하였다. 10대 20대를 봄이라 칭한다. 바람으로 말하면 혜풍(惠風)이고, 여자에 비유하면 처녀의 계절이다. 30 · 40대는 여름이다. 훈풍(薰風)의 계절이요, 어머니의 계절이다. 50 · 60대는 가을이다. 바람은 금풍(金風)이며, 미

망인의 계절이라 한다. 70대가 넘으면 겨울이다. 삭풍(朔風)이 부는 계모의 계절이다. 정교하고 교묘하게 계절에 빗대어 인생을 비유하고 접목했다.

나는 겨울을 살고 있는 셈이다. 계모의 성질과 같아 쌀쌀하고 차가운 바람이 분다. 낙엽이 지고 앙상한 가지만 남아 외롭고 쓸쓸한 모습이다. 육체적으로 차츰 쇠약해지면서 마음 또한 고독하다. 남은 시간이 많지 않다. 언젠가는 영원히 되돌아올 수 없는 저승길로 행하면서 삶을 마감한다. 요람에서 무덤까지의 어쩌면 짧은 과정은 덧없고 무상함을 절감한다.

늙는다는 것은 사회의 기준으로도 그리 달갑지 않은가 보다. 직장에서는 나이가 찼다 하여 퇴출당한다. 가정에서는 백수건달, 실업자라 하여 소외당하고 밖에서는 늙은이라 하여 외면당하고 무시당하는 일을 많이 접한다. 쓸모없는 폐품이 되고 말았다.

얼마 전 일이다. 전화벨소리가 요란하게 울려 전화기를 받아 들었다. 2007년에 실시하는 대통령선거 관련해서 여론조사를 하고 있었다. 성심성의껏 답변을 원하면서 대뜸 묻는 게 나이였다. 일흔두 살이라고 답했다. 상대 쪽에서 건너온 반응은 70세 미만의 사람은 없냐는 것이었다. 70세 미만의 사람은 없다고 했다. "그러면 됐습니다" 하고 전화를 끊는 것이 아닌가. 어이가 없고 어안이 벙벙하였다. 초라한 모습을 억누를 길이 없었다. 너희는 늙지 않고 항상 젊어있을 줄 아느냐 하고 호통을 치며 욕지거리를 해주고 싶은 마음 굴뚝같았지만 참았다. 진정한 여론조사라면 나 같은 노인의 동향도 파악해야 한다. 사회 과정에서 소외되고 있다는 생각에 쓸모없는 자신인가 반문하기도 하고 그저 늙음을 한탄하기도 했다. 세월이 흐르며 느는 건 주름살이지만 열정을 지닌 이의 마음은 시들지 않는다. 이러한 진리에 희망을 갖는다.

초등학교 동창 11명이 제주 시내에 거주하고 있다. 모두 고희를 넘긴 나이다. 몇 년 전부터 동창 친목회를 만들고 여생 동안 호젓한 노(老)의 생활 속에서 삶의 보람을 찾고자 하고 있다. 마지막으로 성장할 수 있는 기회를 찾아가자고 의견을 모았다. 행여 젊은이에게 바라고 의지하는 것이 아니라 우리 스스로 몸을 추스르고 노화에 맞추어 적응해 나가고자 했다. 운영방식은 매달 한차례 11명이 순번제로 모임 주관자가 되어 저녁 만찬과 약간의 약주를 곁들이는 모임을 갖는 것이다. 만남을 통해 동심에 젖은 노의 아름다움과 즐거움을 만끽하고 있다. 초등학교 시절 어려웠던 일, 배고팠던 일, 괴로웠던 일을 끄집어내어 농도 건네고 아픔도 나누면서 산전수전의 지난 추억을 되새긴다. 요즈음 근황은 어떤지, 건강관리 또한 빠질 수 없는 대화주제이다. 식이요법에 의한 건강관리비법 등의 정보를 교환하기도 하고 한잔 두잔 약주에 불콰해지면 노래방으로 자리를 옮긴다. 흘러간 옛 노래를 한두 곡씩 부르면서 노의 청춘을 과시해본다. 늙음을 불살라 보기도 한다.

노년은 당연히 올 것이 왔다는 느긋한 마음으로 받아들이면 된다. 몸과 마음이 늙어가는 현실에만 집착하고 한탄한다면 말년살이는 순탄치 않다. 지금의 내 모습과 활동이 예전과 같지 않다는 생각에 위축돼서는 안 된다. 우리 마음을 늙음에 맞추어 조절하면 된다. 청춘이란 육체적으로 절정인 일정한 기간만을 말하는 게 아니다. 오히려 젊은 신념과 정신 상태를 말한다. 강력한 의지와 긍정적 사고를 말한다. 태양과 같은 불타는 열정이 청춘이다. 때로는 이삼십 대의 청년에게서 볼 수 없는 청춘을 칠팔십 세가 된 노인에게서 찾아 볼 수 있다. 나이를 먹는다 하여 모두가 청춘을 잃어버리는 게 아니다. 강인한 정신과 열정을 잃어버릴 때 청춘 또한 사라진다. 노인이 되는 것이다.

생명 다하는 날까지 생활에 원칙이 있어야 한다. 건강을 지키는 일이며, 취미를 갖는 일이며, 매사를 긍정적인 자세로 임해야 한다. 원칙을 토대로 한 노년생활이 되면 밝고 아름답고 희망적이며 굳건한 용기의 힘이 매일같이 샘솟아 오를 것이다. 80대를 넘어 아흔이 되어서도 언제나 젊음인 노의 청춘이 될 것이다. 공자는 모든 일에 지(知), 호(好), 낙(樂)이 있다고 하였다. 음악을 모르는 것보다 아는 것이 더 좋고, 아는 것보다 좋아하는 것이 더 좋고, 좋아하는 것보다 즐기는 것이 더 좋다고 하였다. 밝은 마음과 기쁜 표정으로 매사를 즐기면서 노의 청춘을 엮어나가야 한다.

동녘 하늘에 떠오르는 아침 해는 찬란하고 아름답다. 서산에 지는 석양은 더욱 웅장하고 황홀하고 아름답다. 우리 여생은 석양이다. 아름다운 일몰을 만들어갈 수 있는 하루하루다. 장엄한 석양으로 세상이 기억해 주길 바라며 아름답고 즐겁게 사는 노의 생활을 엮어나가고 싶다. 늙은 청춘(靑春)이다.[3)]

각주 [3)]

2007년 8월, 수필문학사 추천 등단 작품

취미와 건강

향우회 모임에 참석한 어느 하루였다. 사회자가 개회를 선언하고 회장 인사가 끝났다. 한 회원이 의견 제안이 있었다. 오늘 건배 제의를 나에게 부탁했다. 우선 참석자 모두가 술잔에 술을 채우도록 했다. 술잔을 높이 들고 내가 먼저 "99"라고 선창하면 참석자들은 "88"이라고 복창하도록 했다. 내가 먼저 "구구"라고 외치니 참석자들은 "팔팔"이라고 따라 외치며 잔을 부딪쳤다. 회원들의 복창 소리는 식당 창문이 요동칠 정도로 크고 우렁찼다. 통쾌하고 기분 좋게 시작한 모임이었다. 아흔아홉 살까지 팔팔하게 살고 싶은 욕망은 모든 이의 마음에 자리 잡고 있었다. 오래오래 건강하게 살고자 하는 마음은 누구나 갖는 삶의 최대 목표이다.

우리나라에서는 65세 이상을 노인으로 분류하고 있다. 평균 수명은 남녀 합쳐 79.8세이다. 여자는 82.6세이고 남자는 76.8세다. 여자는 남자보다 평균 5.8세를 더 살고 있는 셈이다. 앞으로는 의료기술이 더욱 발전하고 고급 약품이 다량 생산으로 인하여 사소한 병은 대부분 완치가 가능하다. 불치병인 백혈병이나 암 같은 병도 초기에 발견만 되면 완치 가능성이 높아 병으로 죽게 되는 공포에서 점차 벗어날 수 있으리라 생각한다. 사람의 수명이 점차 늘어감에 따라 우리나라도 노령화 사회로 전환되고 있다.

퇴직 후에 나는 건강과 여가선용을 위하여 네 가지 취미를 갖고 생활 속에 실천해오고 있다. 독서와 글쓰기, 등산과 걷기, 바다낚시, 여행 등등이다. 독서와 글쓰기는 시간을 유용하게 보낼 수 있다. 양식을 넓혀 인격을 풍성하게 하며 지혜와 슬기를 얻을 수 있다. 정신을 정화시켜 주고 마음의 눈을 활짝 열어준다. 이게 독서로 얻을 수 있는 긍정적인 효과다. 수필 쓰기도 자주 하고 있다. 2002년에는 각종 예법이 담긴 〈제례보감〉을 냈고, 2003년에는 친족에 관련된 〈일홍문집〉을 발간하였다. 〈친족 한글족보〉와 자서전인 〈삶의 물결〉 등의 발간은 글쓰기가 취미가 가져다 준 값진 결과이다. 2007년 9월에는 수필문학사의 추천으로 수필가로 등단했다. 독서와 글쓰기는 내가 가장 즐겨하는 취미 생활이다.

등산과 걷기 운동 또한 즐겨한다. 산을 오르고 걷는 것은 육체적인 건강뿐만 아니라 정신건강에도 좋다. 걸으면서 사색하고 생각하면서 걷는 일의 반복은 노년 생활의 안성맞춤이다. 집에서 남쪽으로 대략 3km 남짓 걸으면 '민오름'이 있다. 높이가 약 252m 되는 오름이다. 일주일에 세 번은 오름에 오른다. 더불어 평평한 코스를 매일 5km 정도 매일 아침 걷는다. 가을 오름은 아름답다. 단풍으로 물든 오름과 계곡은 언제나 많은 사람들을 유혹하며 손짓하고 있다. 등산과 걷기 운동은 시원한 공기와 함께 자연을 체험하면서 몸 전체의 건강 유지에 도움을 주고 있다.

바다낚시도 행복한 취미 생활의 일부이다. 시원한 바닷바람과 청정공기를 마음껏 마시면서 바닷고기와 밀고 당기는 씨름을 하는 것은 통쾌하고 즐겁다. 소형 낚싯배로는 어랭이, 우럭을 주로 낚는다. 기회가 닿을 때는 중형 어선에 편승해 제법 먼 바다로 나가 밤새 갈치 낚시도 한다.

가끔씩 여행하는 재미도 쏠쏠하다. 여행의 생명과 그 매력은 호기심의 만족과 자유를 누리는 해방감에 있다. 일상생활에서 짓누르던 의무감에서 벗어나 자기를 객관화하고 스스로를 바라다보면서 마음의 여유를 가질 수 있는 게 바로 여행이다. 여행을 통해 삶은 젊어지고, 새로운 마음과 낭만적인 기분을 얻는다. 스트레스가 해소되고 청신한 행복감을 누릴 수 있다. 돌아와서는 다시 맞는 일상에 힘찬 활력소를 불어넣어주는 게 여행이다. 낯선 거리, 낯선 땅, 새로운 산천, 이국적인 풍속과 음식이 가득한 미지의 땅을 밟는 자체가 호기심이요, 여행이다. 해외여행도 자주 다녔지만 경비문제로 접고 우리나라에서 미처 가보지 못했던 곳을 찾을 생각이다. 언급한 네 가지 취미생활과 더불어 해마다 봄철에는 열흘 남짓 고사리를 꺾으러 다니고 있다. 운동도 하고 반찬거리도 만들 수 있어 일거양득이다.

자기 나름대로의 신체조건에 알맞고 즐길 수 있는 취미를 가진 노년은 풍요롭다. 낡은 마음속에 젊은 활력소를 불어넣고, 아름다운 꽃을 피울 수 있다. 취미(趣味)에서 취(趣)는 뜻 취요, 미(味)는 맛 미를 쓴다. 맛이나 멋은 비슷한 말이다. 생활의 맛을 멋이라고 한다면 음식물의 멋은 맛이라고 할 수 있다. 취미는 인생의 고(苦)를 낙(樂)으로 만드는 즐거운 멋이다. 취미가 없는 인생은 맛없는 음식과 같다. 취미는 인생에 향기를 주고 정신에 윤택을 가져다준다. 취미가 주는 큰 덕이요, 존재하는 이유다.

나이가 들었다 해서 곧 늙은이는 아니다. 나이는 젊었으나 마음은 늙은 사람이 있고, 나이는 늙었으나 마음은 젊은 사람이 있다. 물리적 연령보다는 정신적 연령이 중요하다. 육체적으로는 낡고 오래됐지만 정신과 마음만큼은 항상 싱싱하고 젊게 가꿔야 한다.

하지만 취미를 즐기기 이전에 삶에 대한 본연의 임무를 소홀히 해서는 안 된다. 지나치게 취미에만 집착해 해야 할 일을 망각하면 자칫 본연의 업무는 물론이고 취미마저 누리지 못하는 경우가 생긴다. 생활은 의무지만 취미는 여가로 즐기는 도락(道樂)인 것이다. 취미를 갖되, 의무와 도락을 혼동해서는 안 된다.

일흔을 넘은 나이가 되면 하루하루 생활하면서도 늘 불안이 엄습한다. 내일이 올까 모레가 올까 한 치 앞을 내다보기 힘들다. 여생이 얼마인지 모르지만 이 생명이 다하는 날까지 나의 길을 걸어가려 한다. 매사에 정성을 다하고 자만하지 않겠다. 겸손을 지키고 행동을 실천으로 옮기며 유유자적한 삶을 살아가려 한다.

때늦은 후회

삶은 나그네의 여정이다. 태어나면서 무거운 짐을 지고 죽을 때까지 늘 길 위에서 걸음을 옮겨야 한다. 태어나는 그 순간부터 주어진 운명을 지고 가는 게 인생이다. 유아 시절부터 소년, 청년, 중년, 노년 시절을 거치며 하루하루를 아름답게 조각하며 인생을 산다. 살아가는 동안 한 가지라도 후회 없이 완전무결하게 살아왔다고 자부할 사람은 아무도 없을 것이다. 후회 없는 인생을 사는 게 최선이지만 늘 후회하며 사는 게 인생이다. 인생은 미완성의 존재요, 불완전한 유한자이기 때문이다.

선각인(先覺人)은 일찍 깨우침을 갖고 정도(正道)를 지키며 훌륭한 삶을 산다. 허나 대부분의 사람은 늦게 깨닫는 만각인(晩覺人)이다. 때문에 시행착오를 범하고 실패를 겪어서야 후회하고 올바른 깨달음을 갖는다. 프랑스 문필가 몽테뉴는 "인생이 다 흘러간 다음에야 비로소 인생을 어떻게 살아야 한다는 것을 배운다"고 하였다. 세월이 다 흘러 가버린 후에 후회한들 무슨 소용 있으랴. 한번 가버린 세월은 되돌아오지 않으며 세월은 우리를 기다려 주지도 않는다. 천상천하(天上天下)에 하나 뿐인 귀중한 생명을 가지고 한번 뿐인 삶을 내발로 걷고 뛰며 내 두뇌로 생각하고. 내 의지, 내 힘으로 살아가야 한다.

살아가면서 행하는 모든 일에는 때가 있다. 농부가 씨를 뿌릴 때가 있고 곡식과 열매를 거두어 드릴 때가 있다. 학생은 공부할 시기가 다 있고, 사업가는 사업에 투자할 적기가 있다. 전투의 경우에도 작전상 공격할 때가 있고 후퇴할 때도 있다. 사람은 침묵해야 할 때가 있고 소리치며 외쳐야 할 때도 있다. 나설 때인지 물러설 때인지 진퇴의 기로에서 올바른 판단은 중요하다.

우리는 시작에서부터 인생을 올바르게 사는 지혜와 성실한 자세를 배우고 알아야 한다. 하는 모든 일에 긍지와 신념, 애정과 사명감을 가지고 매순간 땀을 흘릴 때 후회가 덜한 인생을 살 수 있다. 내가 후회하는 몇 가지가 있다. 젊었을 때 건강관리를 보다 잘했으면 지금 이렇게 쇠약한 몸이 되지는 않았을 것을 하는 뉘우침을 한다. 남들과 같이 대학문까지 들어가 배울 수 있는 기회를 갖지 못한 점도 후회하는 일이다. 나의 소질과 재능에 맞는 직업을 선택하지 못했다는 후회도 있다. 부모님이 살아계실 때 잘 보살피지 못해 불효를 했다는 뉘우침도 이제야 갖는다. 앞뒤를 재보지 않고 닥치는 대로 일을 저지르고 난 후 잘못을 깨닫고 뉘우친 적도 많다.

대다수 사람은 많은 세월이 흐른 후에 때늦은 반성을 하고 뉘우치곤 한다. 영국의 수상 디즈레일리는 인생을 이렇게 회한했다. "청년은 과오를 범하고 장년은 싸우고 노년은 후회한다." 젊었을 때, 행복할 때, 건강할 때, 힘 있을 때, 늙고 쇠약해질 때를 예견하고 대비책을 준비하며 지혜롭게 살아야 한다. 부지런히 움직이며 일하는 게 인생이다. 일하는 것은 인생을 산다는 것이요, 산다는 것은 일하는 것이다. 정열과 신념을 가지고 열심히 일을 해야 한다.

조물주는 사람을 창조하면서 한두 가지의 재능과 천분을 부여하였다. 이를 소질이라고 한다. 소질은 타고난 재능이다. 소질과 천분을 제대로 파악해야 한다. 재능과 가능성을 꾸준히 개발하여 자신을 완성시키는 것이 존재의 의미요, 삶의 목적이다. 삶의 궁극적 목적은 자아실현(自我實現)이다. 살아가면서 공명정대한 길을 걷고 주어진 재능과 소질을 살려야 한다. 기회를 놓치지 말고 포착하면 성과를 얻는다. 그래야 늘그막에 후회를 줄일 수 있다. 올바른 정신과 성실한 자세가 필요하다. 하면 된다는 확고한 신념과 정신을 갖는 게 중요하다. 신념과 의지는 힘의 원천이요, 승리의 어머니요, 후회를 없애는 좋은 처방이다.

금혼일(金婚日)

사람은 남자와 여자, 동물은 암컷과 수컷이 결합하여 동족을 번성시키고 후세를 만들어 종족을 유지한다. 인간이나 동물이나 할 것 없이 모든 생명체는 혼자서는 살아가기 버겁다. 부부의 인연은 하늘의 섭리요, 운명이다. 고운 정과 미운 정, 기쁨과 슬픔으로 버무리고 엮는 부부애는 사랑 중에서도 가장 고귀하다.

결혼 25주년이 되는 날은 은혼일(銀婚日)이라 하고, 결혼 50주년은 금혼일(金婚日)이라 일컫는다. 또한 결혼 61주년은 회혼일(回婚日)이라 하여 뜻 깊은 날로 자리매김 하고 있다. 이러한 날에 이름을 붙이고 기념을 하는 것은 부부의 인연을 소중히 하고 행복하고 건강하게 오래 살아야 된다는 의미를 담고 있다. 회혼일까지 서로 의지하며 함께하고픈 모든 부부의 희망을 담은 기념일 같기도 하다.

세월! 나의 세월아! 너는 어찌 눈비바람도 개의치 않고 쉼 없이 달려만 가서 애달프게 하는구나. 그러고 보니 아내를 만나 결혼한지도 50년이 넘어섰다. 아내와 나는 1957년 3월 23일에 결혼했다. 2007

년 3월 23일은 결혼 50주년이 되는 금혼일이다. 엊그제 결혼한 것 같은데 벌써 50년이란 세월이 흘렀다. 반세기를 부부 인연으로 엮어온 셈이다. 티 없이 맑고 부드럽고 연하고 포동포동한 젊은 날의 피부와 얼굴은 이제 사라졌다. 자신도 모르게 거칠어지고 쭈글쭈글한 주름살만 늘어있는 아내와 나의 모습을 바라본다.

사람들은 제짝을 만나 결혼을 하고 백년가약을 한다. 하지만 금혼은 물론 은혼일도 넘기지 못하고 부부의 연을 끊거나 헤어지는 사람들이 점차 늘고 있다. 주변에 그런 사례를 많이 본다. 결혼한 지 3, 4년도 안된 젊은 부부가 성격, 사고방식, 견해차이로 파경을 맞는 소식을 뉴스에서, 주변에서 자주 듣는다. 불륜 혹은 탈선행위로 가정이 파탄이 나고 헤어지는 사례도 부쩍 느는 추세다. 한 사람이 먼저 세상을 떠나 과부 또는 홀아비 신세로 은혼일이나 금혼일을 맞이하는 경우도 많다. 고독과 싸우면서 외롭게 살다가 인생을 마감한다. 때로는 경제적 사정 등 피치 못할 사정으로 인하여 인연을 끊는 사례도 있다. 은혼일과 금혼일을 맞으며 축하하고 기념할 수 있는 부부는 그리 많지 않음을 알 수 있다. 그나마 우리 부부는 건강한 몸으로 금혼일을 맞이하였으니 다행스러우면서 행복하다. 복 받은 부부라는 생각이다. 선조와 작고하신 부모님의 보살핌과 덕이 아닌가 하여 늘 감사하며 지내고 있다.

부부는 사랑으로 이루어지나 먼저 남녀는 서로 이성으로써 선택과정을 거쳐야 한다. 사랑은 그 무엇과도 비교할 수 없는 중요하고 엄숙한 가치이지만, 선택의 중요성 또한 간과할 수 없다. 신중을 기해야 하며, 몇 번 심사숙고하고 지혜로운 선택이어야 한다. 선택은 확

고해야 한다. 선택이 잘못 되거나 확고하지 않으면 불행한 삶을 잉태한다. 어쩌면 인생파탄까지 이를지도 모른다. 옷과 신발, 넥타이는 마음에 안 맞으면 안 입고, 안 신고, 안 매면 된다. 영화나 음악도 취미가 없으면 안 보고 듣지 않으면 그만이다. 하지만 사랑이란 선택은 그렇지 않다. 선택하는 순간 운명을 받아들여야 한다. 긍정적인 삶을 지속하면서 닥치는 산전수전을 인내로 극복해나가야 한다. 고난과 시련을 지혜와 용기로 이겨내고, 돕고 믿고 존중하면서 세파를 헤쳐가야 한다. 그게 사랑을 선택하는 순간 동반되는 운명이다.

부부로 살아가면서 단점이 하나둘씩 드러나고 점차 마음으로부터 오는 거리감은 선택에 대한 후회를 하게 만들기도 한다. 때늦은 후회다. 혹은 순간적인 감정의 흐름일 수도 있다. 선택한 사랑을 쉬이 버리거나 갈아치워서는 안 된다. 이게 선택에 대한 책임이다. 사람다운 도리이다. 누구나 장단점이 있으며 완전무결한 사람은 존재하지 않기 때문이다. 사랑은 아름다움으로만 지속되는 게 아니다. 일순간 미움도 있게 마련이다. 단점에 너무 치우쳐 불평불만을 늘어놓을 게 아니라 폭넓은 아량과 슬기로 상대를 받아들이고 바라봐야 한다. 갈등을 통해 사랑이 다시 도약할 수 있는 기회로 승화시켜야 한다. 덴마크 격언에는 “귀머거리 남편과 장님 아내는 가장 행복한 부부”라는 말이 있다. 서로의 단점을 폭넓게 이해하고 양보하고 인내하며 관용을 베풀어 나가는 것이 부부 행복의 지름길이다. 아내와 내가 뜻 깊은 금혼일을 맞은 것도 힘들고 어려웠던 수많은 역경들을 인내하면서 슬기롭게 잘 극복한 덕이다. 50년 동안의 고뇌들을 마음에 되새겨보곤 한다.

아내와 나는 재산과 재물도 모으지 못하고 그러구러 먹고살 만큼 살아왔다. 남들이 말하는 부귀영화를 누리는 삶은 아니었다. 안빈낙도의 길을 걸으면서 둘 다 큰 병치레 없이 지금도 건강하다는 것이 그저 감사하다. 3남 1녀를 낳아 탈 없이 커서 결혼도 하고 제 나름대로의 직장생활을 하며 건강하고 화목한 가정을 꾸며 살아가고 있는 모습을 보는 것 또한 감사하다. 그래서 근심걱정거리는 별로 없다. 부부로써 인연을 맺어 50년 남짓 같이한 값진 보람만 있을 뿐이다. 결혼기념일은 소중하다. 부부가 됐다는 뜻 깊은 기념일이다. 은혼일, 금혼일은 이제 무사히 넘겼으니 더욱 강건하게 살다가 결혼 61주년이 되는 회혼일도 아내와 같이 맞고 싶은 바람 간절하다. 황혼기에 접어든 노부부의 소망이다.[4)]

각주 4)

2007년 3월 23일, 금혼일에 부쳐

배움엔 끝이 없다

생명이 붙어있는 한 우리는 살면서 배우고 배우면서 살아간다. 산다는 것은 배우는 것이요 배운다는 것은 곧 사는 것이다. 배우는 것은 알기 위함이요, 알고자 할 때는 배워야 한다. 사람은 부지런히 배우고 꾸준히 공부하고 연마해야 한다.

배우고자 함은 강한 의지력으로 자신을 향상시키는 자세다. 겸손을 담고 있으며 자신감을 갖게 하는 정신이기도 하다. 현명하고 슬기로운 사람은 타인에게 배우고 모든 사물로부터 배우고자 하는 이들이다. 배우고자 하는 마음을 가지면 만인이 다 스승이요 만물이 선생님이다. 사람을 대할 때 늘 배우고자하는 마음을 가지고 누구든 인생(人生)선배로 대할 수 있는 겸손한 마음을 지녀야 한다.

배움은 어머니 뱃속에서부터 시작되어 삶을 마감할 때까지 지속된다. 지상의 나그네가 되어 끝없는 길을 걸으면서 가정, 학교, 사회에서의 교육을 통하여 성장하며 발전한다. 가정에서는 부모형제를 통하여 가르침을 받고, 가족의 일원으로 생활하면서 귀로 듣고 눈으로

살피면서 말도 배우고 의사소통도 한다. 학교에서는 교과서가 주는 교훈과 선생님의 가르침을 통하여 지식을 담는 교육이 주가 되며, 친구들과 어울리면서 동료애를 체득한다. 사회에서는 일터에서 접하는 많은 사람들과 교류를 하면서 삶에 대해 보다 큰 안목을 갖게 되고, 생활 체험을 통해서 배움과 지혜를 얻는다. 세 가지 교육과정 이외에도 다양한 인간관계에서 배우고, 역사에서 배우고, 자연에서 배우고, 텔레비전과 라디오 방송에서 배우고, 신문에서 배우고, 영화에서 배우고, 여행을 하면서도 배운다.

미국의 16대 대통령 링컨도 만남에서 배우라고 강조한다. "만나는 사람마다 배움의 기회로 삼아야 한다." 진지하면서 깊은 철학이 담긴 말이다. 그렇다. 만나는 모든 사람에게서 한 가지라도 배워야 한다. 중요한 것은 누구에게나 배우고자 하는 겸허한 자세이다. 투자 중에서도 최고는 교육에 대한 투자라고 하는 말이 있는 것처럼 배운다는 것은 삶에서 커다란 자리를 차지하고 있다.

배움은 스스로 깨닫는 것이요, 바르게 깨닫는 것이요, 바르게 행하는 것이다. 교육은 하나의 기술이다. 사람답게 만드는 기술이며, 사회에 공헌할 수 있는 유능한 사람을 만들어내는 기술이다. 배움 이상으로 삶에 보탬이 되는 가치는 없다. 우리는 인생을 바르게 살아야 한다. 바르게 잘 살기 위해서는 부단히 배워야 한다. 배움은 젊었을 때만 하는 게 아니다. 목숨 다하는 날까지 열심히 배우고 공부해도 다 못 배울뿐더러 끝이 없다. 지식은 바로 배움의 산물이요, 교양은 배움의 결과요, 인품은 배움의 소산이다. 배움처럼 생산적인 행위는 없다.

살면서 참사람이 되기 위한 노력은 중요하다. 바로 알고 일으켜 세우고 바로 행동하는 나란 존재를 완성하는 노력의 과정이 참된 인생이다. 참된 나는 존엄성을 가진 생명체요, 의지와 힘으로 움직이는 활동인이다. 참된 나는 개성과 이성과 양심을 가진 인격체요, 재능과 소질을 적극적으로 개발하는 재능인이다. 꾸준히 배우고 갈고닦아 가능성을 키우고 삶의 가치를 실현하며 자신감을 가지는 게 참된 나이다.

배움의 최적기인 청소년시절이 지났다고 후회하고 한탄할 일만은 아니다. 요람을 박차고 잠에서 깨어나 강한 의지와 생각의 전환을 통하여 배우고자 노력해야 한다. 책도 많이 읽고, 사람들을 통하여 배울 수 있는 것은 송두리째 낚아채야 한다. 이런 과정을 통해 많은 지식을 얻으며, 그 지식을 토대로 지혜와 슬기를 추출할 수 있고, 결과적으로 능률적이고 과학적인 생활을 영위할 수 있다. 배움이란 끝이 없다. 건강을 유지할 수 있는 한 끊임없이 배우자. 세상에 널려 있는 모든 게 곧 가르침이기 때문이다.

재회(再會) 50년

아아! 고교 졸업 50년. 10대 청소년에서 이젠 70대 중년노인이 되었다. 오현고등학교를 졸업한지 50년은 길고도 긴 세월이다. 날수로 1만 8250일, 시간으로는 43만 8000시간이 흘렀다. 인간의 평균 수면을 80세로 보았을 때, 90%의 생애는 이미 살았고, 10%의 잔여 인생이 남아있는 셈이다.

모교인 오현고등학교는 1951년 9월에 개교하였다. 2007년 2월 현재, 총 55회기에 2만 824명의 졸업생을 배출한 제주도 제일의 명문 고등학교이다. 오현(五賢)이란 교명은 조선왕조 때 국가적으로 유능한 현인들이며, 대학자이신 충암 김정(沖菴 金淨), 규암 송인수(圭庵 宋麟壽), 청음 김상헌(淸陰 金尙憲), 동계 정온(桐溪 鄭蘊), 우암 송시열(尤庵 宋時烈) 등 다섯 분을 기리는 데서 유래했다. 이들 오현은 제주로 유배 왔거나 방어사 또는 절도사로 부임했던 학식이 뛰어난 분들이며, 제주 교학에 많은 공헌을 남겼다. 그 분들이 배향했던 유지에 그 높은 뜻을 길이고자 오현인의 비를 세웠는데, 이곳을 '오현단'

이라 하였다. 이곳을 터로 오현고등학교가 개교 하였으니, 역사적으로 큰 의미가 담긴 교명이다.

나는 오현고등학교 5회 졸업생이다. 우리 동창들은 1954년 3월에 입학하여 1957년 3월에 제5회 졸업회기로 506명의 졸업생을 배출하였다. 2007년 현재 총 55회 졸업회기 가운데서도 제일 많은 졸업생을 배출한 회기이기도 하며, 이때가 오현 고등학교의 최고 전성시대가 아니었나 생각해 본다.

동창들은 이제 모두 고희를 넘긴 노인이 되었다. 이들은 일제강점기를 거쳐 8 · 15 해방 미군정시대, 제주 4 · 3 참혹상, 6 · 25 동란의 비극, 군부집권 시대 등 국가적으로 불안정하고, 혼란스러운 시대를 몸소 겪어왔다. 더불어 많은 역경과 난관들을 슬기롭게 극복하면서 살아온 산전수전의 장본인들이다. 동창들은 고등학교를 졸업하고, 60%는 대학교에 진학하였으며, 외국대사, 정치인, 대학교수, 군장성급, 고위직 공무원, 교육자, 의약사, 언론인, 사업가 등 각계각층에 진출하여 국가를 위하여 또는 지역사회를 위해 헌신하고 공헌해왔다.

우리는 현오회(賢五會)라고 동창회 이름을 정하고, 40년이 넘게 우정을 지속해 오고 있다. 2007년 3월에는 동창회 임시총회를 소집하여, 졸업 50주년 기념행사를 하기로 결정하였다. 이 자리에서는 행사 추진위원단을 구성하고, 세부 계획을 수립하면서, 드디어 졸업 50년 만에 살아있는 동창들의 얼굴을 모두 볼 수 있는 재회의 계기가 마련되었다. 첫 번째 행사는 2007년 9월 29일에 제주 칼(KAL) 호텔에서 열렸다. 당시 은사 중 생존해 있는 다섯 분의 선생님과 현

모교 교장 선생님 등 여섯 분을 초청하였다. 동창들은 멀리는 미국, 일본, 중국에서, 가까이 국내에서는 서울, 경기, 강원, 부산, 경남북, 전남북 지역과 그 외에 여러 지역에서 거주하고 있는 300여 명이 부인과 함께 참석하여 성황을 이루었다. 50년 만에 뜻 깊고 보람 있는 모임을 갖게 된 것이다.

제주도 내에 거주하고 있는 동창들은 자주 만날 수 있었지만, 도외나 외국에 거주자는 50년이라 세월의 간극이 있어, 젊었을 때 모습으로 기억된 동창들은 몰라보는 경우가 허다하였다. 생사가 불분명하였던 친구들도 이번 기회를 통하여 생사 여부도 분명히 알게 되었다. 총 506명 졸업생 가운데 30%인 152명이 먼저 세상을 떠났고, 나머지 70%인 354명은 생존하고 있음을 확인할 수 있었다.

이 자리에서 우리는 서로서로 만남의 술잔, 기쁨의 술잔, 보람의 술잔을 나누면서 50년 만의 회포를 만끽 또 만끽하였다. 행사가 끝날 무렵, 동창들이 제출한 원고로 제작한 〈현오 50년지〉를 배부 받았다. 마음의 정과 의리와 우정이 담긴 책자였다. 졸업한 506명의 얼굴과 인적 사항이 담긴 현오회 수첩, 25회 후배 졸업생들이 선물로 마련한 '졸업 50주년 기념패' 도 함께 받았다. 모두가 졸업 50주년이 가져다준 쾌거이며, 값진 보람이고, 오랫동안 기억에 남을 시간이었다.

이튿날 9월 30일. 이 날은 모교에서 열린 제18회 오현의 날 기념행사를 참견하였다. 행사가 끝나자 우리는 부부동반으로 여섯 대의 대형 버스에 나누어 승차하여 제주도 관광길에 나섰다. 50년 만에 처음 고향을 찾은 동창들은 고향 제주의 발전상에 가는 곳마다 감탄사를 연발하였으며, 변모된 고향의 발전상을 카메라에 담느라 정신이 없었다. 관광을 끝내고 제주시로 돌아와서 이름난 제주의 토종 갈비집에 여장을 풀었다. '갈비 하모니카'를 불면서 졸업 50주년을 자축하는 축배와 흘러간 옛 노래를 부르며 회포를 풀었다. 이제 모두가 칠순 할아버지가 되었지만 오늘만큼은 손에 손 잡고, 그 옛날 청춘 오고생으로 돌아가고 싶었다. 졸업 50년의 빛나는 삶의 환희로 힘차게 오현 응원가를 불렀다. "산 높고 물 맑은 오현 옛터에 한라의 정기 받고 자라난 오현…" 혈기 왕성한 젊은 오고생이 그 자리에 있었다. 즐겁게 술잔을 나누면서도 또 한편으로는 곧 헤어져야 하는 아쉬운 술잔이 되어 이별의 술잔, 서러운 술잔, 슬픔의 술잔, 눈물의 술잔이 되기도 하였다. 이렇게 50주년 행사는 막을 내렸다. 이제 먼저 세상을 떠난 스승님과 작고한 152명의 동창들의 영전에 머리 숙여 명복을 빈다. 더불어 생존해 있는 354명의 동창들 모두가 건강하고 행복하길 정성으로 두 손 모아 본다.

부푼 기대

기대가 크면 실망이 크다. 모든 일이 이루어지기 전에 너무 큰 기대를 하지 말라는 뜻이기도 하고, 기대한 만큼 모든 일이 잘 이루어지지 않다는 웅변이기도 하다. 이러한 진리를 이제야 비로소 알게 되었다. 아내와 나는 같은 고향 출신이다. 제주도 동쪽에 위치한 성산읍 오조리는 어촌이다. 어릴 때는 갯바위 낚시, 조개잡이, 보말잡이 등을 하며 친구들과 어울리던 기억이 있다.

결혼 전까지는 해녀였던 어머니께서 매일 바다에 잠수하여 해산물을 채취하였다. 상품성이 있는 해산물은 시장에 내다 팔고 남은 해산물은 집에 가지고 와서 반찬이며 국을 만들어 맛있게 먹곤 하였다. 결혼한 후에는 아내도 물질을 하였다. 해산물을 채취해 시장에 팔고 남은 소라나 전복은 집에 갖고 와서 맛있게 많이 먹었다. 50여 년 전 기억이 아직도 생생하고 달콤하다. 어릴 때부터 어촌부락에 살면서 해산물을 자주 먹었기 때문에 오늘날까지 건강하게 살고 있지 않나 싶다. 몸에 소라와 전복 맛이 체화돼서 그런지는 몰라도 아직도 소라와 전복이라면 즐겁게 찾아 먹는 선호음식이다. 그래서 소라, 전복 말이 들리고 살 수만 있다면 언제 어디서든지 사 먹어야 직성이 풀린다.

하루는 안방에서 TV유선방송을 보고 있었다. 15번 홈쇼핑 채널이었다. 마침 참전복 광고를 하고 있었다. 광고내용은 이렇다. ㈜농수산조합 완도에서 다른 지방에서는 나지 않은 참전복을 생산하여 판매하고 있으니 지금 바로 주문하라는 재촉이었다. 가격은 800그램에 1만 9800원이며 2킬로 400그램에는 5만 9900원으로 큰 전복은 8미, 작은 전복은 11미 가량 된다고 했다. 고향 제주에서도 10여 년 전까지는 자연산 참전복을 사 먹을 수가 있었으나 근래에 와서는 구하기가 하늘에 별 따기다. 자연산 전복은 약용으로 쓰이기도 하는데 구하기가 힘든 요즈음이라 '자연산 참전복' 이라는 광고에 귀가 솔깃하지 않을 수가 없었다. 마음은 벌써 전복요리를 해먹고 있었으나 우선 아내와 상의해야 했다. 이러한 참전복 광고의 내용을 말하니 아내도 흔쾌히 승낙했다. 참전복의 달콤한 맛을 생각하니 침이 넘어간다. 참전복 2킬로 400그램을 주문하기로 하고 완도농수산조합에 전화를 걸었다. 집 주소며 집과 휴대 전화번호까지 자세히 알려주고 완도농수산조합 계좌로 5만 9900원을 바로 송금하였다. 송금 한 시간이 지난 후 완도농수산조합에서 휴대폰으로 돈을 잘 받았다는 결제확인 메시지까지 보내주었다. 이제 3일 후면 참전복 맛을 볼 수 있겠구나 마음은 부풀대로 부풀어 있었다. 자연산 참전복을 가득 담은 택배가 도착할 날만 기다리고 있었다.

주문한 지 사흘째 되는 날, 저녁이 되어서도 주문한 전복은 배달되지 않았다. 조바심에 주문한 완도농수산조합에 전화를 걸어 확인해 보니 결제 당일은 빼고, 이튿날부터 3일 이내로 배달된다는 답을 해 주었다. 하루를 더 기다려야 한다는 얘기다. 그 말을 믿고 하루를 더 기다렸다. 다음날 저녁이 되어서도 전복은 배달되지 않았다. 다시 전화를 확인하여 본 결과 담당 직원의 답변은 궁색을 넘어서 옹졸하기까지 했다. 제주 지역은 거리가 멀어서 살아있는 전복을 배달하기 힘들다는 것이었다. 어처구니가 없었다. 제주와 완도면 배로도 3시간 거리 아닌가? 상담직원이 잘못 알아서 주문받았다는 변명만 되풀이했다. 나는 버럭 소리를 질렀다. 공기관인 농수산조합에서 이렇게 불성실하게 일을 처리하느냐고 따졌다. 과잉허위 광고에 대한 사기죄로 사직당국에 고발하겠다고 마음에 없는 협박까지 했다. 담당직원은 "정말 잘못했습니다"라고 거듭 사죄하면서 용서를 구하는 게 아닌가. 결제한 전복 값 5만 9900원은 즉시 되돌려 주겠다고 했다. 황당무계는 이럴 때 어울리는 말이다.

참전복에 마음 들뜨며 잔뜩 기대했던 노부부의 부푼 꿈은 삼일 만에 아침이슬처럼 황망하게 사라져 버렸다. '꿩 대신 닭' 이라는 말처럼 아내와 나는 허탈해진 마음을 달래고자 시장에 가서 양식 전복 1킬로그램을 사왔다. 전복요리를 해 먹으며 쓴웃음을 지었다. 며칠간 기대와 실망을 이야기보따리로 풀어보는 시간을 가졌다.

철인 소크라테스는 '정의 없는 곳에 선이 있을 수 없고 또한 선 없이는 진실을 얻을 수 없다' 고 했다. 장사꾼은 신용이 없으면 고객 앞에 설 수 없다는 진리처럼 신의는 모든 존립의 근원이다. 우리나라 공인농수산조합에서 하는 일이 이처럼 허술하고 믿을 수 없는데 어떻게 밝고 명랑한 선진사회가 이룩될 수 있을까 하고 의문이 생긴다. 국민의 한 사람으로서 심히 염려가 된다. 이번 일이 슬픈 것은 완도 농수산조합이란 공기관이 나를 속인 탓도 있겠지만 그보다는 TV, 라디오 신문, 잡지 등 각종 매스미디어에서 홍수처럼 쏟아지는 광고 상품 대부분이 진실이 결여되어 있다는 것이다. 겉 다르고 속 다르면 허위광고이다. 광고가 주는 부정적인 면만 보게 되어 안타깝다. 허위 과장 광고는 사람을 무시하고 모독하는 일이요, 얕보고 현혹하는 일이다. 과잉 포장된 상품을 광고 위탁하거나 위탁 받아서는 안 된다. 돈에 눈이 어두운 쌍방거래가 되어서도 안 된다. TV나 라디오, 신문, 잡지 등에 나오는 상품광고가 거짓 없이 진실 되고 정확하고 믿을 수 있었으면 하는 기대가 크고 마음 또한 간절하다.

글쓴이 강중언 東峰

· 1936년 제주도 서귀포시 성산읍 오조리에서 출생
· 제주 오현고등학교 졸업(5회)
· 2007년 수필문학으로 등단
· 1962년 지방공무원 공채시험 합격(제주도 실시)
· 1975년 행정사무관 고시 합격(중앙부처 실시)
· 남제주군 문화공보, 민방위, 내무과장 등 역임
· 서귀포 시청 초대 총무과장 역임
· 제주도청 자연보호, 관광진흥, 고시, 인사 계장 등 역임
· 제주도청 서무, 회계, 국민운동, 지방과장 등 역임
· 제주시청 사회산업국장 역임
· 남제주군 민선자치 초대 부군수 역임
· 행정공무원 39년 정년퇴임
· 저서 : 〈일홍문집〉, 〈삶의 물결〉(내 인생의 발자취)
· 시장, 군수, 도지사 표창 5회
· 내무부장관 표창 7회
· 대통령 표창 1회
· 녹조근정 훈장 1회
· 행정개선창의 연구 우수상 2회

· 주소 : 제주시 연동 310-47